Annette Böhm
Ekkehard von Braunmühl

Gleichberechtigung im Kinderzimmer
Der vergessene Schritt zum Frieden

Annette Böhm
Ekkehard von Braunmühl

Gleichberechtigung im Kinderzimmer

Der vergessene Schritt zum Frieden

Patmos Verlag Düsseldorf

Thema: KINDER
herausgegeben von Marion Schweizer

Die Deutsche Bibliothek – CIP-Einheitsaufnahme
Böhm, Annette:
Gleichberechtigung im Kinderzimmer : der vergessene Schritt zum Frieden
Annette Böhm ; Ekkehard von Braunmühl
1. Aufl. – Düsseldorf: Patmos-Verl., 1994
(Thema: Kinder)
ISBN 3-491-50012-5
NE: Braunmühl, Ekkehard von:

1. Auflage 1994
Umschlag: Hanno Rink
nach dem Motiv einer Briefmarke
der österreichischen Post 1993
Gesamtherstellung: Rasch, Bramsche
ISBN 3-491-50012-5

Inhalt

Aufgrund eigener Erfahrungen ist es für mich selbstverständlich, mit meinem Kind (3) gleichberechtigt zu leben. Allerdings habe ich den Anspruch, es noch besser zu machen als meine Eltern.

Anna, 25

Mir würde es noch besser gefallen, wenn die Gleichberechtigung konsequenter und ohne, sagen wir mal, Zwischenfälle durchgehalten würde. Und das gilt nicht nur für mich!

Ulli, 15

Die Frage autoritär oder Gleichberechtigung sollten sich die Eltern am besten ganz am Anfang des Lebens ihres Kindes beantworten. Ein Umschalten auf gleichberechtigt am 18. Geburtstag finde ich lächerlich.

Guido, 18

Wer durch das Gleichberechtigungsprinzip gewöhnt ist, selbstverantwortlich zu entscheiden, trifft seine Entscheidungen richtiger und sicherer, weil er fähig ist, Konsequenzen abzuschätzen. Bei falschen Entscheidungen ist er durch seine Selbstsicherheit eher bereit, Fehler einzugestehen und zu korrigieren.

Thimo, 20

Eltern tun sich auch selbst einen Gefallen, wenn sie die Kinder anständig behandeln. Ich meine: freundlich, höflich, eben gleichberechtigt. Sonst werden die Kinder unselbständig oder aggressiv, machen immer Ärger und so, Dummheiten eben.

Mathias, 23

Wer behauptet, Kinder aus gleichberechtigten Familien seien irgendwie vernachlässigt und deswegen bedauernswert, den kann ich nur selbst bedauern, weil er nämlich null Ahnung hat.

Florian, 18

In gleichberechtigten Beziehungen ist der Alltag miteinander auch manchmal anstrengend; aber Auseinandersetzungen schaukeln sich nicht so hoch wie in anderen Familien, denn wenn die Eltern sich nicht als Herrscher aufspielen, dann müssen die Kinder auch nicht gegen sie kämpfen. *Paul, 18*

Für mich kann ich mir keinen anderen Umgang mit allen Menschen vorstellen als den auf gleichberechtigter Basis. *Lisa, 28*

Wenn die Erwachsenen Mädchen und Jungen nicht ständig beibringen würden, wie sie sein sollen, dann gäbe es nicht so viele Macho-Männer, und die Frauen würden sich später nicht so viel gefallen lassen. *Dora, 16*

Die meisten Erwachsenen, auch Lehrer, tun zwar freundlich, behandeln Kinder aber »von oben herab«. Aber was soll's, die haben's eben nötig. Aber wenn die Euer Buch gelesen haben, wird sowieso alles ganz anders. *Lena, 16*

Lieber gleich berechtigt als später

Aussichten auf Frieden

Die Menschheit tut sich schwer mit dem Frieden. Trotz erschütternder Erfahrungen und überzeugender Erkenntnisse sind Eigenschaften wie Friedfertigkeit, Toleranz und Fairneß keineswegs zur Selbstverständlichkeit geworden. Die Frage liegt nahe, welche Katastrophen die Menschheit noch erleben muß, bevor sie aus ihren Fehlern lernt, bevor sie zur Vernunft kommt, bevor sie Frieden findet – hoffentlich nicht erst auf einem allgemeinen Friedhof.

Die Chancen für den Frieden stehen schlecht, wenn man die Geschichte betrachtet und gegenwärtige Entwicklungen einfach in die Zukunft weiterdenkt. Wir schreiben dieses Buch, weil wir bei unserer Beschäftigung mit den Beziehungen zwischen Eltern und Kindern Chancen für den Frieden entdeckt haben, die von den allermeisten Menschen überhaupt noch nicht wahrgenommen, geschweige denn wahrgenommen werden. Diese Chancen sowohl zu erkennen als auch zu nutzen ist besonders sinnvoll für Eltern und andere Erwachsene, die privat wie beruflich den Umgang mit Kindern pflegen, denn sie (und die Kinder) profitieren davon unmittelbar, nicht erst in der Zukunft und auch nicht erst unter der Bedingung, daß viele andere mittun.

Außerdem sind solche Personen erfahrungsgemäß besonders anfällig für allerlei öffentliche Appelle und Vorwürfe, wann immer es Anlässe oder auch Vorwände gibt, den Themen Kindheit, Jugend, Elternschaft, Erziehung, Normen, Werte, Verantwortung, Autorität und dergleichen besondere Beachtung zu schenken. So verständlich die Aufgeregtheit über manche Verhaltensweisen bestimmter junger Menschen sein mag, so fragwürdig sind doch in der Regel die allgemeinen Schlußfolgerungen und Rezepte. Der Schwarze Peter landet unweigerlich bei den Erwachsenen, die an der Familien- und Schul-»Front« angeblich versagt hätten, »der Jugend« mit zuwenig Strenge oder Liebe oder Erziehungsmut oder Flexibilität oder Konsequenz oder Verständnis oder xyz entgegengetreten seien. Entsprechend widersprüchlich, aber immer hochgestochen, klingen dann die Patentrezepte, die Abhilfe schaffen sollen, die aber tatsächlich der Lebenswirklichkeit der Menschen zwangsläufig hinterherhinken und hauptsächlich die jeweiligen Ideologien am Leben erhalten. Jedenfalls wecken sie immer erneut die gleichen Illusionen (Stichwort: »Machbarkeitswahn«), die seit Jahrhunderten über alle Moden hinweg nur zu Enttäuschungen führen konnten.

Wie wir zeigen werden, lohnt es sich, über den Frieden neu und grundsätzlich nachzudenken. In vielen Fällen sind es nämlich bloße Mißverständnisse und andere unnötige Fehler, die guten Glaubens und guten Willens geschehen und die nur deshalb Unfrieden stiften, weil die Beteiligten nicht über friedenserhaltende Denkmuster und -strategien verfügen.

Um gründlich genug an das Thema heranzugehen, möchten wir kurz die drei Bereiche kennzeichnen, in denen der Begriff »Frieden« vor allem Verwendung findet. Zuerst meint »Frieden« ein Verhältnis *zwischen Menschen*. Menschen und Menschengruppen (etwa Staaten, Volksgruppen, Religionsgemeinschaften) leben entweder friedlich zusammen, das heißt miteinander, oder sie streiten und bekämpfen sich, das heißt, sie leben (mehr oder weniger) gegeneinander. Im schlimmsten Falle »sprechen die Waffen«, zwischen ihnen herrscht »Krieg«.

Allerdings wird so mancher Streit und auch Kampf ausgefochten, ohne daß die Kontrahenten deshalb zu »Feinden« werden müssen und ohne daß ihre Auseinandersetzungen den »Frieden« im üblichen Sprachgebrauch verletzen: etwa beim sportlichen »Wettstreit«, beim politischen »Wahlkampf«, beim »Streit der Meinungen« oder beim »Kampf um die Wahrheit«. Auch »Konkurrenz« zwischen Menschen kann recht energisch betrieben werden, ohne daß dabei die Gesetze des Friedens außer Kraft gesetzt werden: bei Spiel und Sport, in der Wirtschaft, sogar in der Liebe. Alle möglichen Leistungs- und sonstigen Vergleiche zwischen Menschen können zwar zu Sieg und Niederlage führen, die jeweils bestimmte Vor- und Nachteile mit sich bringen, aber wenn alle Beteiligten die gleichen Regeln anerkennen und beachten, bleibt der Frieden gewahrt. Das wichtigste dabei ist wohl, ob das Gerechtigkeitsempfinden der Beteiligten, ihr Gefühl für Fairneß, Chancengleichheit, Gleichberechtigung verletzt wird oder nicht.

Wenn Menschen sich dagegen – im Großen wie im Kleinen – gegenüber anderen Menschen ungerechte Vorteile verschaffen wollen, sich unfair verhalten, beispielsweise ein »Recht des Stärkeren« beanspruchen oder Vertrauen mißbrauchen, lügen, betrügen, listig manipulieren, dann mag äußerlich alles freundlich und friedlich wirken, aber trotzdem werden die Prinzipien des Friedens verletzt, und über kurz oder lang wird sich das rächen. Menschen, die von anderen offensichtlich unterdrückt, ausgebeutet, übervorteilt wurden, haben in der Geschichte einerseits oft sehr viel Geduld, eine aus heutiger Sicht fast unbegreifliche *Gutmütigkeit* bewiesen, andererseits kam es immer wieder zu heftigen Gegenreaktionen (von kollektiven Aufständen, Revolutionen, über Bürgerrechts-, auch Frauenbewegungen bis hin zu individuellen Trotzanfällen, Wutausbrüchen, Gewaltakten), die zeigen, daß die benachteiligten Menschen nicht wirklich *zufrieden* waren. Als Konsequenz aus unendlich vielen leidvollen und blutigen historischen Erfahrungen wird heute deshalb die Alternative zum Gegeneinander der Menschen auf abstrakter Ebene oft mit der Formulierung »Gerechtigkeit und Frieden« benannt. Ein auf Dauer sicheres und wirklich zufriedenstellendes Miteinander der Menschen setzt die Gleichberechtigung aller Menschen und Menschengruppen voraus. Dies bedeutet selbstverständlich auch Toleranz zwischen den Menschen, nicht aber Toleranz mit solchen Individuen oder Gruppen, die sich über andere erheben, sie unterdrücken, übervorteilen, ausnutzen, nicht als gleichberechtigt akzeptieren.

Der Frieden zwischen Menschen ist grundsätzlich kein endgültig erreichbarer Zustand: Bekanntlich kann der Friedlichste nicht in Frieden leben, wenn es dem unfriedlichen Nachbarn nicht gefällt. Wir werden aber zeigen, daß heute noch – oft unerkannt – viele Gewohnheiten bestehen, die ein friedliches Miteinander unnötigerweise erschweren, oft geradezu verhindern. Außerdem gibt es viele – oft noch unbekannte – Möglichkeiten, dafür zu sorgen, daß Menschen von vornherein viel seltener auf unfriedliche Gedanken kommen. Und schließlich kann man auf Friedensstörungen (und Störenfriede) weitaus intelligenter und wirksamer reagieren als durch Zurückschlagen, Sich-zurückziehen oder gar Die-andere-Wange-hinhalten. (Das nötige Know-how werden wir im Laufe des Buches entwickeln.)

Ein zweiter Bereich, in dem der Frieden auf dem Spiel steht, ist das einzelne *menschliche Individuum*. Wenn Menschen sagen, daß sie »in Ruhe« oder »in Frieden« gelassen werden wollen, weisen sie damit Störungen eines Zustandes zurück, den sie als angenehm und wertvoll empfinden. Dieser Zustand wird aber nicht nur von außen bedroht, sondern kann auch durch Vorgänge im Inneren des Individuums selbst unmöglich gemacht werden. Es ist heute eher die Ausnahme als die Regel, daß ein Mensch »Frieden im Herzen« empfindet, »in Frieden mit sich selbst« lebt, eine echte innere »Zufriedenheit« genießt und ausstrahlt. Das Gegenteil von dem Zustand des »Seelenfriedens«, der inneren Ausgeglichenheit, Harmonie, Gelassenheit wird oft als Friedlosigkeit, Unruhe, Getriebensein beschrieben. Der Mensch ist dann nicht »mit sich im Reinen«, sondern trägt

»innere Konflikte« aus. Widersprüchliche Strebungen halten ihn in dauernder Gespanntheit, er ist reizbar, überempfindlich, labil, klagt oft über Streß und ist der geeignetste Kandidat für jede Art von »Flucht in die Sucht«. Ob die Droge eine Chemikalie ist oder das Arbeiten, das Spielen, das Stehlen, das Machtausüben und vieles andere (sogar das Helfen und die Weltverbesserei): alle möglichen fanatisch ausgeübten Tätigkeiten können dazu dienen, eine »innere Zerrissenheit« zu überdecken und »Ersatzbefriedigungen« nachzujagen.

Der innere Frieden des Individuums hängt davon ab, ob zwischen den einzelnen Teilen des Organismus einschließlich des Gehirns mit seiner Gefühls- und Gedankenproduktion ein grundsätzlich harmonisches, mindestens aber konstruktives Zusammenspiel stattfindet oder nicht. Heute ist es die Regel, daß die Menschen einzelne Teile ihrer Persönlichkeit als minderwertig oder bedrohlich ansehen und zu bekämpfen versuchen. Sie haben es einfach nicht anders gelernt, als mit sich selbst in Unfrieden zu leben, weil die aus der höchst kriegerischen Vergangenheit stammenden philosophischen und psychologischen Lehrmeinungen auf Modellen beruhen, die den echten inneren Frieden schon rein theoretisch für unmöglich oder falsch erklären. Als Gegenreaktion erleben wir seit vielen Jahren einen pseudotherapeutischen »Psycho-Boom« mit dem teilweise völlig überzogenen »Positiven Denken« und allerlei esoterischen Erlösungsversprechen (etwa die »New Age«-Propaganda), die den Menschen bestenfalls nur zu einer unkritischen *Selbst*zufriedenheit (ver)führt.

Nachdem wir auch in diesem Bereich mit dem Prinzip »Gleichberechtigung« aller beteiligten »Instanzen« experimentiert haben, sind wir auf der Basis eines neuen Praxismodells der menschlichen Gehirnfunktionen zu überraschenden An- und Aussichten gekommen, die dem Frieden realistische Chancen eröffnen. Wie beim Frieden zwischen den Menschen stellt sich auch beim inneren Frieden die Frage der Toleranz: Ist es sinnvoll, daß ich mich selbst bedingungslos akzeptiere (im Sinne der oft propagierten »Selbstliebe«, des »Ich bin okay« und dergleichen), wenn ich an oder in mir Aspekte entdecke, mit denen ich unzufrieden bin? Muß ich auch meine Fehler und Irrtümer, meine selbstschädigenden und intoleranten Anteile tolerieren, wenn ich mit mir in Frieden leben will? (Die Antworten auf solche Fragen bieten den Lesenden Chancen, die sie unmittelbar und in eigener Regie ergreifen können.)

Der dritte Bereich, den wir oben ankündigten, ist das Verhältnis zwischen *Mensch und Umwelt/Mitwelt*. Auch in diesem Bereich muß man gegenwärtig von einer Art Kriegszustand sprechen, und nur sehr allmählich und zögernd ist die Menschheit bereit zu erkennen, daß sie auf dem besten Wege ist, ihre eigenen Lebensgrundlagen – und damit auch sich selbst – definitiv zu zerstören. Erschwerend kommt hinzu, daß das Erkennen allein besonders in diesem Bereich offensichtlich nicht motivierend genug wirkt, damit die notwendigen Konsequenzen gezogen werden.
Nun wollen wir in diesem Buch nicht einzelne Umweltschutzmaßnahmen diskutieren oder »den Verantwortlichen« ins Gewissen reden. Vielmehr werden wir Zusammenhänge zwischen den genannten drei Bereichen aufdecken und bis zu ihrer Wurzel zurückverfolgen. Auf diese Weise wird klar, was die Menschen derzeit noch daran hindert, so schnell wie nötig zum »Frieden mit der Natur« zurückzufinden. Zugleich ergeben sich aus dieser Zusammenschau eindeutige und sichere Orientierungen für den Umgang mit rein inner- und zwischenmenschlichen Grundsatzfragen, die heute noch von manchen – gelinde gesagt: – Mißverständnissen und geistigen Ungeschicklichkeiten belastet werden. Obwohl heute allgemein bekannt ist, daß der Mensch sich als Teil der Natur (oder, religiös ausgedrückt: der Schöpfung) begreifen muß und daß die Naturgesetze auch für ihn selbst gelten, hält sich besonders in bezug auf

Kinder sogar unter vermeintlich fortschrittlichen und aufgeklärten »Experten« hartnäckig das überlieferte Fehlurteil, daß »Kultur« und »Zivilisation« als Gegensätze zur »Natur« zu betrachten seien. Solange aber auf der einen Seite zwar der »Frieden mit der Natur« angestrebt wird, auf der anderen Seite jedoch die »Natur des Menschen« – also auch die »Natur des Kindes« – als schädlich, gefährlich, bekämpfenswert gilt, ist die problematische Situation der Menschheit nicht verwunderlich – im Großen wie im Kleinen.

Es ist klar, daß im Vordergrund unseres Interesses beim Schreiben dieses Buches das »Thema: KINDER« steht. Das Leben mit Kindern wird heute nicht nur als besonders verantwortungsvolle, sondern meist auch als besonders schwierige Aufgabe dargestellt, die nicht wenige Erwachsene – wie es oft heißt: – »überfordere«. Vielfach wird dann ein Gegensatz zwischen »Theorie und Praxis« oder »Ideal und Wirklichkeit« festgestellt und der Eindruck erweckt, es sei von vornherein klar, wie eine »gute Familie«, eine »gute Schule«, ein »guter Kindergarten« und so weiter zu funktionieren habe, damit die Kinder von den Erwachsenen eine »gute Erziehung« erhielten und alle Beteiligten zufrieden sein könnten – nur leider seien manche Erwachsene zu ungebildet oder zu arm oder zu gestreßt oder dergleichen, jedenfalls irgendwie nicht in der Lage, sich in der Praxis/Wirklichkeit durchgängig so zu verhalten, wie es den jeweiligen Theorien/Idealen entspräche.
Ein Hauptzweck unseres Buches wird sein zu zeigen, daß diese Ansicht grundfalsch ist. Sie dient im wesentlichen dazu, die Theoretiker aufzuwerten, ihnen Bedeutung, Macht, Einkommen zu sichern, und die Praktiker abzuwerten, in Abhängigkeit zu halten, ihnen Schuldgefühle einzureden. Die Rede von der richtigen Theorie und der falschen Praxis mag sinnvoll sein beim Umgang mit Gegenständen, etwa Maschinen; für das Verhältnis zwischen Menschen beschreibt sie die Wirklichkeit ein-

deutig falsch. In den seriösen Wissenschaften ist es eine Binsen-
weisheit: Die Praxis (»Empirie«) bestätigt oder widerlegt (»fal-
sifiziert«) die Theorie. Wenn wir »Praxis« mit »Handeln/Tun«
übersetzen und »Theorie« mit »Denken/Rechnen«, können wir
sagen: Falls beim Umgang zwischen Menschen Theorie und
Praxis nicht übereinstimmen, hat sich nicht der Praktiker *ver-
tan*, sondern hat sich der Theoretiker *verrechnet* – zum Beispiel
weil er bestimmte Gegebenheiten nicht berücksichtigte.

Wir brauchen dieses abstrakte Thema nicht weiter zu verfolgen,
weil dieses Buch in zentralen Punkten von anderen Voraussetzungen ausgeht als die üblichen »Elternratgeber«. Wir betrachten jede Art von Praxis als Tatsache, die wir nicht kritisieren,
sondern verstehen wollen. Praxis im Sinne von Verhalten ist
eine Kombination aus körperlichen, seelischen und geistigen
Anteilen, und auf der Suche nach friedenserhaltenden und frie-
densstiftenden Alternativen prüfen und bewerten wir lediglich
die letzteren, also die gedanklichen, »theoretischen« Anteile
jedweder Handlung (und auch Meinung, Motivation, Zielvorstellung und dergleichen). Das von uns benutzte »Seele/Ver-
stand-Modell« wird sich auch beim Thema Frieden und
Gleichberechtigung – nach den Themen »Vernunft« und »Harmonische Familienbeziehungen« in früheren Büchern – als
fruchtbar erweisen und viele angeblich so schwierige Probleme
der Praxis als schlichte Folgen falscher Theorien entlarven.
Theorien thronen nicht über der Praxis, sondern stecken mitten
in ihr drin. In gewissem Sinne könnten wir demnach den
Begriff »Gleichberechtigung« auch auf das Verhältnis zwischen
Theorie und Praxis, zwischen Denken und Tun anwenden …

Doch zurück ins Kinderzimmer, zum Verhältnis zwischen den
Generationen. Dabei meinen wir mit »Kinderzimmer« nicht
nur den realen Raum, in dem sich die Kinder gelegentlich auf-
halten, sondern auch den »Raum« im übertragenen Sinne, der
in den Köpfen Erwachsener mit Gefühlen, Gedanken und Vor-

stellungen gefüllt ist, die sich auf Kinder beziehen. In diesem »Kinderzimmer« herrscht heutzutage ein heilloses Durcheinander, eine nicht selten geradezu chaotische Unordnung – mit der zwangsläufigen Folge, daß ein friedliches und harmonisches Zusammenleben der Generationen nicht die Regel, sondern die Ausnahme ist, trotz größter Mühen und bester Absichten. Wenn es gelingt, dieses »Kinderzimmer« einigermaßen aufzuräumen, stellt sich schnell heraus, wie leicht es im Grunde ist, den Überblick zu behalten und in jeder Situation das jeweils Bestmögliche zu tun.

Wir kommen zu dieser optimistischen Aussage aus verschiedenen Gründen. Ein Hauptgrund sind die vielen uns bekannten Kinder, Jugendlichen und jungen Erwachsenen, deren Eltern – teilweise schon vor mehreren Jahrzehnten – dafür gesorgt haben, daß ihre Kinder in eben der »aufgeräumten« Atmosphäre aufwachsen konnten, deren Voraussetzung wir jetzt beschreiben und diskutieren. Ein Kernproblem zwischenmenschlicher Kommunikation besteht ja darin, daß Botschaften (Gefühle, Handlungen, Informationen) der einen Seite keineswegs automatisch bei der anderen Seite die Wirkungen auslösen, die beabsichtigt waren. Es gibt also oft einen Unterschied zwischen Absicht und Ergebnis. Dieser Unterschied wird dann von der »Sender«-Seite leicht der »Empfänger«-Seite zur Last gelegt, und schon können aus bestgemeinten und friedlichsten Aktivitäten die heftigsten Streitereien werden. Besonders auf dem Gebiet der sogenannten »Erziehung« werden bei den üblichen Diskussionen über all den hehren Wünschen gern die tatsächlichen Wirkungen ignoriert und mit wahnhaftem Eifer Illusionen gepflegt. Wenn Erwachsene (»Erzieher«) Kinder (»Zöglinge«) als Erziehungs-Objekte wahrnehmen, erleben sie deren Subjekthaftigkeit (deren »eigenen Kopf«) nicht als selbstverständliche Tatsache, sondern als möglichst zu überwindende Störung. Sie denken, planen und handeln buchstäblich über die

Köpfe der Kinder hinweg. Und wundern sich, daß die Kinder ihnen immer fremder werden, daß sie sich verschließen und nicht selten feindselig auf Maßnahmen reagieren, die doch nur von Liebe und Sorge motiviert waren. Die Unordnung im »Kinderzimmer« entsteht hauptsächlich dadurch, daß sich dort *ein* Gehirn die Gedanken von *zwei* Gehirnen macht. Dabei wird das zweite Gehirn als berechenbare Größe vorausgesetzt, nicht als Organ der Subjektivität, das selbstbestimmte (oft sogar willkürliche) Entscheidungen trifft. Dieser grundsätzliche Denkfehler ist fester Bestandteil der »Erziehungsideologie«, ein Symptom extremen Wunschdenkens und Machbarkeitswahns, das in der Regel durch die Wirklichkeit/Praxis nicht korrigiert werden kann, solange es nicht als falsche Idee/Theorie durchschaut ist. Immer lauter werden die Stimmen, immer härter die Schläge, immer drakonischer die Strafen – und immer verstockter die »Objekte«, die ja in Wirklichkeit keine Objekte sind, sondern Subjekte, nämlich lebendige Menschen.

Kinder, die – möglichst von Anfang an – als richtige Menschen wahrgenommen, also erkannt und anerkannt werden, machen natürlich andere Erfahrungen mit ihrer Umwelt und mit sich selbst als Kinder, denen der Status von minderwertigen, untergeordneten Wesen, die Rolle von Objekten zugeschrieben, zugedacht und letztlich aufgezwungen wird. Wie sehen junge Menschen, die (wenigstens in ihren Familien) friedlich und gleichberechtigt aufwachsen konnten, sich selbst und die Welt? Sind die vielen Prophezeiungen eingetroffen, die sich ihre Eltern anfangs anhören mußten über das schreckliche »Ende«, das ihr »Experiment« zwangsläufig nehmen würde? Machen sie ihren Eltern heute – 15 bis 28 Jahre später – ähnliche Vorwürfe, wie sie von den »antiautoritär Erzogenen« gelegentlich erhoben werden? Oder sind sie mit der »Beziehungsform Gleichberechtigung« zufrieden, und zwar ausnahmslos und hundertprozentig?

Wir haben vierzehn junge Menschen unserer nahen Umgebung mit dieser und einigen weiteren Fragen konfrontiert (die Meinung ihrer Eltern versteht sich ja von selbst) und bedanken uns herzlich für ihre Mitwirkung bei: Anna (25), Dora (17), Florian (18), Guido (19), Indrani (18), Lena (16), Lisa (28), Mathias (23), Nina (16), Oliver (19), Paul (18), Tim (18), Thimo (20), Ulli (15).

Wir hatten ursprünglich vor, aus den teilweise sehr ausführlichen und immer äußerst interessanten Gesprächen mit diesen Betroffenen für unser Buch längere Passagen zu verwenden, stellten dann aber fest, daß das für unsere Leserschaft, schlicht gesagt, langweilig wäre. Denn da es in dem Buch um das allgemeine Prinzip geht, nicht um die individuellen Besonderheiten, würden sich die zentralen Aussagen ständig wiederholen, und obwohl wir beim Zuhören (und beim Abhören der Tonbänder) sehr beeindruckt waren, mußten wir erkennen, daß sich die Wirkung des gesprochenen Wortes in der schriftlichen Wiedergabe nicht »rüberbringen« läßt.

Wir werden im letzten Abschnitt des folgenden Kapitels auf diese Gespräche zurückkommen, fassen aber jetzt schon zusammen: Die jungen Leute erklärten übereinstimmend, daß sie mit der »Beziehungsform Gleichberechtigung«, die wir im Kapitel »Die siebente Beziehungsform« beschreiben werden, hundertprozentig zufrieden waren und sind. Sie alle sind vollkommen davon überzeugt, daß dies nicht nur eine gute und zufriedenstellende, sondern die einzig richtige Basis für das Verhältnis zwischen den Generationen ist. Daß Erwachsene Kinder »von oben nach unten« behandeln, wie es noch weithin und offiziell üblich ist, lehnen sie als überholt und unwürdig ab, auch schlicht als unpraktisch und unproduktiv (das »bringt nichts« oder »bringt's nicht«). Sie fänden es gut, wenn es gelänge, die Gleichberechtigung der Generationen in allen Familien und überhaupt überall (etwa auch in der Schule) einzuführen. Sie sind gemeinsam davon überzeugt, daß das auch geschehen wird, unterscheiden sich aber stark in der Reaktion auf die Frage, wie lange das noch dauern wird. Sie erklären ausnahmslos und ohne Einschränkung, daß sie selbst, falls sie Eltern werden, mit ihren Kindern von Anfang an ebenfalls gleichberechtigt leben wollen. Für die Behauptung, daß Kinder nicht in der Lage seien, in Freiheit und Selbstverantwortung aufzuwachsen, und daß sie das auch gar nicht wollten, hatten viele nur ein »müdes Lächeln« übrig; die meisten zeigten (außerdem) unterschiedlich starke Ansätze zu Empörung, letztendlich aber Verständnis für das dieser Behauptung zugrundeliegende Mißverständnis. Die Befürchtung, aus gleichberechtigten Familien würden unglückliche oder irgendwie unerfreuliche und sozial »mangelhafte« Individuen hervorgehen, sehen sie alle als theoretisch unbegründet und praktisch durch ihre eigene Person widerlegt an. Die Frage, ob sie, verglichen mit anderen, die »besseren Menschen« seien, mochten die meisten nicht beantworten, aber sie erklärten einhellig, wohl eine schönere Kindheit gehabt zu haben als viele andere und mit ihren Eltern noch immer und grundsätzlich in besseren Beziehungen zu leben als andere. Soweit für's erste diese Aussagen.

Wir müssen nun der Versuchung widerstehen, diese hundertprozentige Bestätigung in irgendeiner Form als »Beweis« für dieses oder jenes »verkaufen« zu wollen. Wir sind zwar bei dem vorliegenden Buch in der Lage, von Tatsachen und Erfahrungen berichten zu können und (unseres Wissens: erstmalig in diesem Zusammenhang) nicht darauf angewiesen, auf der Ebene von bloßen An- und Absichten sowie mehr oder weniger plausiblen Wahrscheinlichkeiten zu operieren. Wenn wir oben »eindeutige und sichere Orientierungen« versprachen, mit deren Hilfe es »im Grunde leicht« sei, »den Überblick zu behalten und in jeder Situation das jeweils Bestmögliche zu tun«, so war dies also dadurch möglich, daß wir wirklich *wissen*, wovon wir sprechen.

Aber wir wissen ebenfalls, daß schon oft bestimmte Erfolge auf bestimmte Strategien zurückgeführt wurden und sich schließlich herausstellte, daß die beobachtete Wirkung keineswegs zwingend die Folge der behaupteten Ursache war. So könnte es sein, daß die Wirkung nicht wegen, sondern trotz der angeblichen Ursache zustandekam. Menschen besitzen außerdem in hohem Maße die Fähigkeit, nachträglich aus einer Not eine Tugend zu machen, analytisches Denken mit Wunschdenken zu verwechseln und über den erfreulichen Wirkungen bestimmter Ursachen ihre möglicherweise ganz anders gearteten Nebenwirkungen außer acht zu lassen.

Wir können es unseren Leser(inne)n – und uns – also leider nicht *so* leicht machen, daß wir nur die Erfahrungen und Ansichten der jungen Leute wiedergeben, gewissermaßen als leuchtendes Vorbild zur punktgenauen Nachahmung. Unter anderem hat sich nämlich herausgestellt, daß gleichberechtigt aufgewachsene Menschen von sich aus dazu neigen, einige Probleme *zu* leicht zu nehmen (oder ganz zu übersehen), die Menschen mit völlig anderen Erfahrungen tatsächlich haben. Es gab schon immer Berichte über glückliche und geglückte Kindheiten, aber noch nie Einigkeit über die Schlußfolgerungen, die aus diesen oder jenen Einzelschicksalen gezogen werden können. Auf der Suche nach allgemeingültigen Prinzipien müssen wir über die Betrachtung von Einzelfällen hinaus im Positiven wie im Negativen die Gemeinsamkeiten herausarbeiten und dabei zunächst einmal alle noch so unterschiedlichen Meinungen in ihrer subjektiven Berechtigung ernstnehmen, verstehen und verständlich machen. Damit das möglich ist, werden wir unser Thema in verschiedenen Ansätzen behandeln, die vielerlei Erfahrungshintergründe, theoretische Positionen und nicht zuletzt aktuelle Diskussionszusammenhänge berücksichtigen. Allerdings möchten wir hier schon anmerken, daß nicht alle »aktuellen« Diskussionen in Wirklichkeit noch aktuell – im Sinne von: zeitgemäß – sind. Besonders im politischen Raum werden noch immer Meinungen vertreten und Behauptungen aufgestellt, die eindeutig bewiesenen Tatsachen widersprechen. Auch im »wissenschaftlichen« Raum werden noch Theorien verkündet, die für sich genommen weder beweisbar noch widerlegbar sind, aber offensichtlich nicht zu heute allgemein anerkannten Prinzipien und Werten passen. Welchen Sinn soll es haben, wenn immer wieder »alte Weisheiten« zitiert werden, um diese oder jene Ansicht zu unterstützen, wo deren Urheber doch in Zeiten lebten, die beispielsweise von Demokratie und Menschenrechten, wie wir sie heute verstehen (und die wir sicher nicht aufgeben wollen), gänzlich unbeleckt waren, in denen es keine Atomenergie gab, keine weltweite Überbevölkerung, keine Massenmedien, Computer, Umweltgifte, Müllhalden, Sorgentelefone, Arbeitsämter, Antibabypillen und so weiter, in denen die Erfahrungen von Weltkriegen, Atomwaffeneinsatz, Faschismus, Schulpflicht, AIDS und so weiter noch fehlten, in denen die Lebenserwartung Jahrzehnte geringer war, den Sterbenden die Seele aus dem Munde entwich, der Krieg als »Vater aller Dinge« gelten konnte, niemand vom »lebenslangen Lernen« sprach, ein »Ehrenwort« noch etwas galt und nicht in jeder zweiten Straße ein »Therapeut« praktizierte?

Diese Aufzählung ist ziemlich zufällig, kann aber beleuchten, wie fragwürdig viele Aussagen über »den Menschen« sind. Annahmen über »die Natur des Menschen« werden häufig allgemeingültig formuliert, beruhen jedoch auf höchst zeitgebundenen Voraussetzungen und Bedingungen. Wir können in diesem Buch schon aus Platzgründen nicht alle unsinnigen oder unpassend gewordenen Theorien der Vergangenheit, die heute noch eine Rolle spielen, widerlegen, sondern setzen darauf, daß die meisten sich von selbst erledigen, wenn wir an einigen Beispielen demonstriert haben, wie nützlich der Verzicht auf alte Denkschablonen für eine zugleich zeitgemäße wie zukunftsweisende Neuorientierung sein kann.

Schwieriger als der Umgang mit heute irreführenden Aussagen aus der Vergangenheit ist für uns das Problem zu bewältigen, das die Sprache selbst darstellt. Dabei meinen wir nicht das Problem, daß es zu vielen Begriffen unterschiedliche »Definitionen« gibt, die schon allein für zahlreiche Mißverständnisse (also geistiges »Durcheinander«) sorgen. Wörter transportieren nicht nur Botschaften von Verstand zu Verstand, die durch strenge Definitionen eindeutig, also allgemeinverständlich, »objektiv« gemacht werden können. Und Wörter transportieren auch nicht nur Gefühle, die schon im Prinzip subjektiv und kaum annäherungsweise »objektivierbar« sind. Unser Hauptproblem ist noch nicht einmal, daß viele Wörter selbst emotionale Anteile enthalten, die von Subjekt zu Subjekt unterschiedliche, ja gegensätzliche Wirkungen auslösen können. (Nicht einmal Begriffe wie »Kind«, »Mutter«, »Vater«, »Harmonie«, »Familie«, »Verwandtschaft« sind von allen Menschen gleichermaßen seelisch positiv »besetzt«.) Unsere sprachliche Hauptschwierigkeit liegt darin begründet, daß viele – und gerade viele der für unser Thema wichtigsten – Wörter Phänomene bezeichnen, die aus einem rationalen und einem emotionalen Anteil zusammengesetzt sind. Das von uns zugrundegelegte »Seele/Verstand-Modell«, das wir im Kapitel »Der Verstand denkt, und die Seele lenkt« darstellen, ist ein relativ neues Modell der Funktionsweise des menschlichen Zentralnervensystems (Gehirns), das naturgemäß noch keinen Einfluß auf die Entwicklung der Sprache nehmen konnte. Um nicht eine diesem Modell angepaßte Kunstsprache erfinden zu müssen, sind wir deshalb gezwungen, zu allerlei Notbehelfen zu greifen. Beispielsweise werden wir öfters »Seele« und »Verstand« fast wie eigenständige Organe oder sogar Personen mit bestimmten Eigenschaften, Fähigkeiten, Bestrebungen, Aufgaben behandeln, obwohl klar ist, daß jedes Individuum als unteilbarer Organismus und ganzheitlich funktionierendes System angesehen werden muß.

Sicher ließen sich die genannten Probleme auch anders bewältigen; aber wir haben uns von der Zielvorstellung leiten lassen, den »Weg zum Frieden« möglichst einfach verständlich und direkt nutzbringend zu beschreiben (anstatt beispielsweise auf akademische Gepflogenheiten Rücksicht zu nehmen oder auf tages- und parteipolitische Konsequenzen zu spekulieren). Genau genommen beschreiben wir nicht einen bestimmten Weg, der Schritt für Schritt gegangen werden sollte – wir können und wollen niemandem etwas »vorschreiben« oder gar »Vorschriften machen« –, sondern wir wollen einige traditionelle, aber heute durchschaubare Irrwege, Fallen, Abgründe, Stolpersteine, Hürden, Sackgassen ... oder einfach *Denkfehler* kenntlich machen, deren Vermeidung den Blick freigibt zugleich auf Ziel und Weg und zugleich für »Kopf« und »Herz« und »Bauch«. Die Bestätigung, *daß* die Gleichberechtigung im Kinderzimmer funktioniert, ist für uns eine Selbstverständlichkeit, sagt aber noch nichts darüber, *warum* und *wie* sie funktioniert. »Selbstverständlich« ist die hundertprozentige Zustimmung der »Kinder« einfach deshalb, weil sie nicht mehr oder weniger passiv, als Objekte oder gar Opfer bestimmten elterlichen Verhaltensweisen ausgesetzt waren, sondern aktiv, als Subjekte und vielfach auch Ideengeber das Familienleben mitgestalteten, und zwar gleichberechtigt, also *optimal.* Auch in anderen Familien sind Kinder nicht passive Objekte, sondern aktive Mitgestalter; aber häufig bleibt ihnen keine andere Wahl, als um ihre Rechte, ihre Freiheit, ihre Selbstachtung gegen die Eltern zu *kämpfen.* Sie gestalten also nicht gute »Liebes«-Beziehungen gleichberechtigt mit, sondern finden sich in *Machtbeziehungen* verstrickt, in denen (mindestens) die Gesetze der Konkurrenz gelten, nicht die der Kooperation.

Obwohl wir mit vielen Weisen der Meinung sind, daß es besser ist, eine Kerze anzuzünden, als über die Dunkelheit zu klagen, werden wir nicht ganz auf eine – allerdings kurze und bruchstückhafte – »Bestandsaufnahme« (nächstes Kapitel) und die darauf folgende Einordnung unseres Themas in »größere« Zusammenhänge verzichten. Um in dem zitierten Bild der »Weisen« zu bleiben: Unsere eigenen Kerzen brennen schließlich munter genug vor sich hin. In unserem Buch aber müssen wir erst einmal zeigen, warum es sich lohnen soll, daß auch andere Menschen sich um Kerzen und Streichhölzer bemühen, und dabei nicht riskieren, daß alles in Feuer und Flammen aufgeht, sondern erreichen, daß ihr Leben nur einfach wärmer und heller wird.

Zivilisation und Gewalt

Zusammengewürfelte Bestandsaufnahme
mit Gedankensplittern

Grundsatzaussagen

»Grundsätzlich bin ich ja auch gegen Gewalt«, sagt eine verzweifelte Mutter im Supermarkt, »aber der Kleine muß doch einsehen, daß ich ihm nicht alles kaufen kann, was er haben will!« Kinder *müssen* doch lernen, daß ...; daß nicht ...; Kinder *brauchen* Grenzen; eine starke Hand; Führung; Liebe ...; natürlich sind Kinder Menschen, aber ich bin auch nur ein Mensch, da reißt eben manchmal der Geduldsfaden; platzt der Kragen; rutscht die Hand aus ...
Solche Aussagen sind weit verbreitet. Sie haben ihre Gründe. Diese Gründe sind leicht zu verstehen.
Zusätzlich haben solche Aussagen gedankliche *Hintergründe* und handfeste *Folgen*. Die sind nicht so leicht zu verstehen. Die Hintergründe sind in der Regel nicht bewußt, die Folgen nicht beabsichtigt.
Wer solchen Aussagen widerspricht oder die entsprechenden (Miß-)Handlungen kritisiert, erreicht seinerseits kaum je das, was er erreichen wollte. Normalerweise fühlen sich die Angesprochenen persönlich *angegriffen*, und demzufolge *verteidigen* sie sich. Sie rechtfertigen ihre Gründe und Absichten desto energischer, je ernsthafter sie in Frage gestellt werden. Auf dieser Ebene finden seit langem und immer wieder praktisch überall, öffentlich und privat, Auseinandersetzungen statt, die genaugenommen zu nichts führen können. Denn wenn Besserwisser sich streiten, hat das bessere Wissen keine Chance. (Hinweis für unsere Leserinnen und Leser: Je mehr solcher Streite-

reien, die Sie selbst mitgemacht oder verfolgt haben, Sie sich jetzt in Erinnerung rufen, desto klarer wird Ihnen deren *Struktur*. Wir gehen davon aus, daß Sie selbst über für Sie viel überzeugendere Beispiele verfügen, als wir sie auf Dutzenden von Seiten präsentieren könnten.)

Elterliche Verantwortung

»Was Hänschen nicht lernt, lernt Hans nimmermehr.« »Das Kind ist der Vater des Erwachsenen.« »Die Hand an der Wiege regiert die Welt.« Drei bekannte Sätze, die, wie viele ähnliche, die Bedeutung der Kindheit für das Leben des Menschen unterstreichen und zugleich an die Erwachsenen appellieren, die für die Gestaltung dieser Kindheit zuständig sind. Sie sollen sich ihrer Macht und ihrer Verantwortung bewußt sein oder werden. Es geht nicht um »Kinderkram«, sondern ums Ganze: »Die Kinder sind unsere Zukunft!«

Also propagierten die Vereinten Nationen »Rechte des Kindes«, unter anderem »Das Recht auf Liebe, Verständnis und Geborgenheit« (Kinderkonvention 1989). Ähnlich behauptet die deutsche Bundesregierung: »Jedes Kind hat ein Recht auf Liebe.« (Aktion »Keine Gewalt gegen Kinder«, 1992).

So werden Eltern von »oben« in die Liebespflicht genommen, ganz egal, wie die Kinder sich benehmen. Die Macht und die Verantwortung, die gerade Eltern in bezug auf ihre Kinder zugesprochen wird, überschreitet nicht selten die Grenze zum Größenwahn. In der Wirklichkeit erfahren Eltern immer wieder – oft schmerzlich – die Grenzen ihrer Macht: Sie schaffen es nicht immer, das Baby in den Schlaf zu wiegen, das Kleinkind zu trösten oder aufzumuntern, dem Schulkind wirksam zu helfen, den Gefährdungen der Jugendzeit vorzubeugen – generell wird die Macht der Eltern von so vielen anderen Mächten in die Schranken gewiesen, daß es sogar üblich geworden ist, brutale

28

Gewalt als Folge elterlicher *Ohnmacht* (Hilflosigkeit) anzusehen; doch die *Verantwortung* bleibt bei den Eltern, und entsprechend anfällig sind sie für Schuldgefühle. (Je gründlicher Sie jetzt über die Begriffe »Macht« und »Verantwortung« nachdenken, desto deutlicher wird Ihnen, daß beide gedanklich die gleiche »Medaille« bezeichnen, aber seelisch ganz unterschiedlich empfunden werden können.)

Menschenverbesserer in Panik

Regelmäßig wenn Menschen besonders schreckliche Untaten verüben (wir denken jetzt, Anfang 1994, beispielsweise an die Situation im früheren Jugoslawien), reden kluge Leute von »Barbarei« und klagen darüber, daß die »Zivilisation« dem Menschen offenbar trotz aller Bemühungen etwas Äußerliches geblieben sei, nur »Firnis« oder »Tünche«. Unter dieser Oberfläche sei der Mensch eben doch ein »Wolf«, jedenfalls ein höchst gefährliches Wesen, absolut nicht »von Natur aus gut«, wie manche Träumer gelegentlich verkünden.

Auf der gleichen Linie liegen die meisten Reaktionen auf von Kindern und Jugendlichen verübte Gewalttaten. Dann werden strengere Gesetze und auch Erziehungsstrafen gefordert, liberale Umgangsformen kritisiert, Zucht und Unterordnung für die Jungen eingeklagt.

Alle diese Reaktionen sind gut zu verstehen. Im Schrecken über das, was Menschen fertigbringen, wird aber, scheint uns, übersehen, was es mit der vielgepriesenen Zivilisation tatsächlich auf sich hat. Dabei meinen wir nicht bestimmte Charakterzüge und Verhaltensweisen selbst, sondern wollen an die Methoden erinnern, mit denen Menschen seit jeher »zivilisiert wurden«. Die schlichte Unterwerfung – wenn nicht Versklavung und sogar Ausrottung – angeblich »wilder« oder »primitiver« Völker durch Abgesandte der Zivilisation kann ebenso wie die christliche Missionierung »mit Feuer und Schwert« oder durch Verbreitung von Höllenangst nicht beanspruchen, als Musterbeispiel für Frieden und Gleichberechtigung zu dienen. Mit welch brutalen Methoden die Kinder noch vor wenigen Jahrzehnten rigoros zur Anpassung an das gezwungen wurden, was die Erzieher jeweils für richtig hielten, steckt genügend Erwachsenen heute noch »in den Knochen«. Und daß die meisten Kinder in den zivilisierten Weltgegenden auch gegenwärtig noch mehr oder weniger offenen oder subtilen Gewalterfahrungen ausgesetzt sind, ist allgemein bekannt. So bleibt vorerst die Frage offen, ob in Wirklichkeit der »Primitive« und das Kind als gefährliche »Wölfe« anzusehen sind oder nicht vielmehr umgekehrt die »zivilisierten« und »zivilisierenden« Gewalttäter.

Eine befriedigende Antwort auf diese Frage ist für den Frieden auf Erden zentral. Denn wenn nicht das »Wesen« des Menschen verbessert, sondern das *Unwesen* der Menschenverbesserei abgestellt werden muß, um Frieden möglich – und wirklich – zu machen, dann ... (Wir brechen hier ab, um Ihre eigenen Gedanken nicht zu stören. Je besser Sie es schaffen, die gestellte Frage noch nicht endgültig zu beantworten, desto interessanter und ertragreicher wird die weitere Lektüre für Sie sein.)

»Am Anfang war die Pest«

»Am Anfang war Erziehung« heißt ein seinerzeit vielbeachtetes, aber unserer Meinung nach längst nicht ausreichend bekanntes Buch von Alice Miller. Darin schildert die Autorin eindrucksvoll die Kindheit einiger extremer Verbrecher (zum Beispiel Adolf Hitler) und erklärt deren spätere Gewalttaten aus den einst selbst erlittenen Gewaltakten und Demütigungen, die von den jeweiligen Erwachsenen als gutgemeinte und notwendige »Erziehung« verstanden worden waren.

»Am Anfang war die Pest« heißt das zentrale Kapitel des neuesten Buches von Marianne Gronemeyer: »Das Leben als letzte Gelegenheit«. Überraschend, aber überzeugend erklärt die Autorin, wie die geistigen Grundlagen des heute als selbstzerstörerisch erkannten neuzeitlichen Lebensgefühls als Reaktion auf reale Schrecknisse im ausgehenden Mittelalter zu verstehen sind. Neben Kriegen und anderen Katastrophen war es besonders die Pest, die das traditionelle Gottvertrauen zerstörte, das damals ebenso die Natur umfaßte wie den Tod (die Sterblichkeit des Menschen nach Gottes Plan). Durch die Pest wurden der Tod und die Natur zu Feinden des Menschen, gegen die sich zu sichern das vorrangige Bedürfnis entstand. Ein Zitat zur Dimension des Chaos, das die Pest auch unter den Überlebenden anrichtete (S. 10):

»Über beinah vier Jahrhunderte (bis zum Jahr 1720) fällt der schwarze Tod die Menschen Europas in ungewissen Abständen aus dem Hinterhalt an. Der Bevölkerungsniedergang in Europa während der großen Pest von 1347 bis 1352 wird von den Historikern unterschiedlich beziffert. Die Schätzungen schwanken zwischen 30 und 50 Prozent der Gesamtbevölkerung. Über einzelne Städte und Regionen weiß man genauere Zahlen. Es gab Städte, in denen während eines oder zweier Jahre 50 bis 65 Prozent der Bewohner dahingerafft wurden.«

In der Schule haben wir gelernt, daß die Neuzeit mit der »Aufklärung« begann, der Befreiung aus dumpfem Aberglauben, einem kühnen Aufbruch der menschlichen Emanzipation. Nun sehen wir, daß in Wahrheit »panisches Entsetzen« (Gronemeyer) die Triebfeder war, die nur zu neuem Aberglauben führte: dem Aberglauben, die Natur durch Wissenschaft und Technik *unschädlich* machen zu können; sie so perfekt zu unterwerfen, zu beherrschen, umzugestalten, daß der Mensch sich sicher fühlen kann. Die Natur wurde nur erforscht, um sich ihrer bemächtigen zu können; in grenzenloser Überheblichkeit wurden Pläne zur Welt- und Menschenverbesserung entwickelt und über Jahrhunderte Projekte vorangetrieben, die heute als Auswüchse des »Machbarkeitswahns« durchschaut sind. Dieser selbst aber wirkt noch fast ungebremst weiter, ebenso wie die von Gronemeyer aus der gleichen Quelle abgeleitete »Beschleunigung des Lebenstempos« im sinnlosen Kampf gegen die »Zeitknappheit«. (Das »neue Denken«, das heute vielfach gefordert wird, aber doch oft schnell wieder in die alten Bahnen des Machens, der Selbstüberschätzung und der Gewalt einmündet, würde von Marianne Gronemeyers brillanten Analysen – besonders auch von dem Buch »Die Macht der Bedürfnisse« – mehr profitieren, als wir hier andeuten konnten.)

»Das Leben als dauernde Trotzphase«

könnte beinahe wie eine Fortsetzung von Gronemeyers »Das Leben als letzte Gelegenheit« wirken. Das Buch stellt den zivilisierten Menschen dar als Widerstandskämpfer gegen alles, was nur im entferntesten nach Vernunft riecht. Die Mentalität des wohlerzogenen Individuums ist geprägt vom Beharren auf einmal gefaßten Vorurteilen, einmal vertrauten Gebräuchen und einmal eingeübten Verhaltensweisen; unverblümt geht die Rede vom Menschen als Gewohnheits*tier*, ganz so, als sei seine herausragende Fähigkeit nicht die Freiheit des Geistes, sondern Rechthaberei und Unbelehrbarkeit. »Ich bin alt genug«, verkündet stolz der Fix- und Fertigerzogene, »ich bin doch kein Kind mehr«, und setzt offen seine Ehre darein, mehr Denkarbeit in die Vertuschung oder Rechtfertigung seiner Fehler zu investieren als in deren Korrektur. Schlägt das Schicksal zu und zwingt ihn zu neuen Einsichten, so tut er alles, um nichts tun zu müssen, keine Konsequenzen zu ziehen, keine neuen Entscheidungen zu treffen, nichts zu *lernen*.
Die Autoren untermauern ihre Befunde mit zahlreichen Beispielen, von den Liebenden, die aneinander herummeckern,

über die Lehrenden, die die Lernfreude zerstören, bis hin zu den Politikern, die ausgerechnet unter den machtgierigsten Egozentrikern erwählt wurden, um dem Gemeinwohl zu dienen, obwohl jedem klar ist, daß sie die Bürger nur ausplündern und an der Nase herumführen können. Aber die Einzelheiten des sprichwörtlichen »alltäglichen Wahnsinns« möchten wir unseren Leserinnen und Lesern ersparen. Jedenfalls zeigt der erste Teil des Buches »Das Leben als dauernde Trotzphase« eindrucksvoll, wie leicht es möglich ist, die moderne Welt als Tollhaus zu beschreiben, in dem fast immer genau das Unvernünftigste geschieht und das Gegenteil des (angeblich) Beabsichtigten erreicht wird.

Im zweiten Teil wird dann geschildert, wie die Menschen von frühester Kindheit an auf dieses Leben vorbereitet, ja »hingetrimmt« werden. Und hier finden sich zahlreiche Beobachtungen, die auch für unser Buch von Bedeutung sind. Allgemein gesagt wird den Kindern die Vernunft systematisch unsympathisch gemacht, indem die Erwachsenen ihnen das Vernünftige mehr oder weniger gewaltsam aufzwingen. In den Gehirnen der Kinder verkoppelt sich zwangsläufig das Vernünftigsein mit dem Gehorsam. Die Kinder wurden »zur Vernunft (französisch: raison) gebracht«, das heißt zur Unterordnung, zum Nachgeben. Dies verletzt natürlich ihren Stolz, ihren Ehrgeiz, ihren Freiheitsdrang, ihre Selbstachtung, ihr Gerechtigkeitsempfinden und beeinträchtigt ihr Gemeinschaftsgefühl, ihr soziales Gewissen, ihre Verantwortungsfähigkeit. Sie speichern unendlich viele Ohnmachts-, Unlust-, Verzichtserfahrungen, und wenn sie dann »groß« sind, streben sie nach Macht, Lust und Konsum ohne Rücksicht auf die Folgen. Ihren Verstand benutzen sie nur noch zur Selbsttäuschung und zur möglichst raffinierten Täuschung und Manipulation anderer.

Angeblich, so die Autoren, erreichen doch noch einige Exemplare ein Ende der Trotzphase, nämlich die »Altersweisheit«. Doch die bleibt kraft- und folgenlos. (Leider gibt es das Buch

»Das Leben als dauernde Trotzphase« noch nicht. Wir wollten Ihnen damit Gelegenheit geben, Ihre gesunde Trotzfähigkeit gegen uns zu testen.)

Sprachgebräuche und Redensarten

Beim Militär ist das Prinzip *Befehl und Gehorsam* normal und sinnvoll. Das Militär ist hierarchisch, von »oben« nach »unten«, organisiert. Ganz oben werden Informationen verarbeitet und Beschlüsse gefaßt, ganz unten wird nur gehorcht. Damit »Schütze Arsch« auch wirklich tut, was ihm gesagt wird, drohen ihm schwere *Strafen*, falls er es nicht tut. »Die da unten« müssen vor »denen da oben« genügend *Angst* haben, damit das Militär *funktioniert*, damit die Menschen zum Krieg fähig werden, damit sie nicht denken, sondern töten und sterben.
In vordemokratischen Zeiten war die zivile Gesellschaft ähnlich organisiert, ebenso wie viele Institutionen, etwa Kirchen, Wirtschaftsbetriebe und auch: Familien. Der Vater war das Oberhaupt, die Mutter hatte ihm zu gehorchen und den Kindern zu befehlen, die Kinder waren »brav«, »artig«, »folgsam«, oder sie wurden bestraft, verstoßen, getötet. Als Belohnung für ihren Gehorsam stand den Kindern vor Augen, daß sie als Erwachsene später selbst zu den Befehlshabern gehören würden. (Internationale Militärweisheit: »Wer befehlen will, muß gehorchen können.«)
Mit der Einführung der Demokratie verschwanden nicht alle hierarchische Strukturen aus der Gesellschaft, auch nicht aus der Familie und der Sprache.
»Darf ich's wagen, Sie zu fragen …?« »Darf ich bitten?« »Gestatten Sie?« »Darf ich noch ein Brötchen haben?« »Ich weiß nicht, was ich machen soll.« »Was erlaubt der sich?«
Manche solcher Redensarten sind nur als Höflichkeit gemeint, aber unbestreitbar fragen Kinder oft, ob sie etwas »dürfen«, »sollen«, oder sogar »müssen«, und auch in heutigen Familien

gibt es noch Eltern, die sich von vordemokratischen »Experten« einreden ließen, es sei richtig, Kindern etwas zu befehlen, zu erlauben, zu verbieten und sie bei Ungehorsam zu bestrafen, ansonsten zu loben oder zu belohnen. Das Kind wird kaum anders behandelt als ein Haustier. Kein Gedanke an Gleichberechtigung. Wie Kinder von Eltern, in Kindergärten und Schulen noch oft *herumkommandiert* werden, spricht für sich. Das gleiche gilt für eine große Zahl von Sprachgewohnheiten, die Kinder *verächtlich* machen, ihnen ihren Platz *ganz unten* zuweisen. (Wir bringen hier keine Beispiele, damit wir Ihnen nicht die Idee nahelegen, wir wollten Sie beschämen, falls Sie selbst ... Das Problem liegt gerade darin, daß solche Sprachgebräuche ganz *unschuldig* beibehalten werden, aber dennoch Wirkungen zeitigen. – Vielleicht achten Sie einmal im Alltag darauf, wieviel Respektlosigkeit, Oben-Unten-Denken und damit Unfrieden in Sprachgewohnheiten auch von »Zivilisierten« und »Zivilisten« stecken kann.)

Die Würde des Kindes ist ...

Sie ist sehr leicht »antastbar«, wie jeder weiß, obwohl doch eigentlich – – – Sind Kinder nicht auch Menschen? Und hat die Würde des Menschen – ihre Unantastbarkeit! – nicht höchsten Rang in der Verfassung?
In Deutschland sagt das Gesetz seit 1980, daß »entwürdigende Erziehungsmaßnahmen« unzulässig sind. Aber wenn dann jemand, der »erziehungsberechtigt« ist, ein Kind demütigt, beleidigt, einsperrt, verprügelt oder sonstwie – unterhalb der Grenze zur Krankenhausreife – schikaniert, erklären die höchsten Juristen, daß dies die Würde des Kindes nicht verletze, weil es ja seiner Erziehung dienen soll.
Warum fällt es vielen Erwachsenen so schwer, den Begriff »Würde des Kindes« überhaupt zu denken? Ganz einfach: Die Leute verwechseln die *Menschenwürde* mit der Würde von

35

Würdenträgern (»Ehrendoktorwürde«, »Hochwürden«, Funktionäre »in Amt und Würden«, vielleicht dereinst »in Würde ergraut«, »würdevoll gestorben« und »würdig bestattet«). Mit *dieser* Würde werden bestimmte Leistungen gewürdigt; etwa beim Storch genügt schon sein stolzes (»gravitätisches«) Stolzieren. Ein herumhampelndes Storchenkind würde niemals diesen würdigen Eindruck machen. Und nun erst die Menschenkinder! Plärren die nicht bei jeder Gelegenheit los, als wollte man sie vierteilen?

Um es kurz zu machen: Die *Menschenwürde* kommt jedem Menschen zu, unabhängig von jeglicher Leistung, gleichgültig, in wie »unwürdigen« Verhältnissen der Mensch leben mag oder wie »würdelos« er sich benimmt. Sie ist als unverlierbar gedacht und in den meisten Verfassungen als »unantastbar« festgeschrieben, damit sie wirklich keinem Menschen abgesprochen werden kann, auch nicht den Allerschwächsten, Allerärmsten und – nach Leistungsgesichtspunkten – Allerunwürdigsten. (Wäre das anders, hätten ja »entwürdigte« Menschen ihre Würde verloren und dürften dann behandelt werden, wie sie – als Menschen – eben nicht behandelt werden dürfen.)

Genaugenommen kann es demnach gar keine im Sinne der Menschenwürde »entwürdigenden Erziehungsmaßnahmen« geben. Deshalb eignete sich dieser Gesetzestext (§ 1631 BGB: »Entwürdigende Erziehungsmaßnahmen sind unzulässig«) so gut als politischer Kompromiß. Der Satz klingt kinderfreundlich, besagt aber rein gar nichts. Der Gesetzgeber kann allerdings behaupten und sich einbilden, er hätte Kinder als Menschen anerkannt und versucht, sie vor den bösen Eltern zu schützen.

Für das Prinzip der Gleichberechtigung aller Menschen ist es wichtig, die doppelte Bedeutung des Wortes »Würde« zu durchschauen. Denn daß die Menschen auf der Leistungsebene ungleich sind, ist offensichtlich. Auf der Ebene der *Menschenwürde* aber sind alle Menschen gleich.

Ebenso ist es mit den *Menschenrechten*. Sie kommen ohne Unterschied allen Menschen zu und sind nicht, wie die meisten anderen Rechte, mit Pflichten verkoppelt. Vielmehr sind es »Schutzrechte« (im Unterschied zu »Ordnungsrechten«), die der Mensch in der Demokratie einfach hat, weil er Mensch ist, gleichgültig was er kann, will, tut. Auf der Ebene der Menschenwürde sind alle Menschen einschließlich der Kinder gleichberechtigt.

Nun ist es einfach, solche Sätze niederzuschreiben. Daß Frauen und Männer gleichberechtigt sind, ist formal schon lange anerkannt; trotzdem werden Frauen in vielen Bereichen massiv benachteiligt. Was das Verhältnis zwischen den Geschlechtern verzerrt, ist die patriarchalische Tradition. Was das Verhältnis zwischen den Generationen verzerrt, ist die adultistische (erwachsenenzentrierte) Tradition. Der Weg zum Frieden ist noch weit. Die »Würde des Kindes« gedanklich sehr weit zu trennen von jeglicher Leistung oder gar »würdevollem« Benehmen, ist unseres Erachtens ein wichtiger, ein unverzichtbarer Schritt in die richtige Richtung. (Wenn Sie mögen, könnten Sie sich jetzt einmal gründlich durch den Kopf gehen lassen, was Ihre ganz persönliche Menschenwürde für Sie bedeutet. Vielleicht prüfen Sie auch, ob Sie das komische Wort »unantastbar« als notwendig und richtig nachempfinden können. Und falls nötig wäre es gut, wenn Sie sich mit dem Begriff »Würde des Kindes« möglichst phantasievoll vertraut machen könnten. Natürlich alles nur, wenn Sie nicht denken, das sei »unter Ihrer Würde«.)

»Zivilisation« ohne Gewalt?

Zu dieser kleinen, schlaglichtartigen Bestandsaufnahme gehören auch die jungen Menschen (sicher sind es mehrere zehntausend, vielleicht sogar einige hunderttausend in Deutschland), die im großen und ganzen in ihren Familien so leben, wie sie und wir es allen Menschen wünschen, eben gleichberechtigt – ob sie und ihre Eltern das so nannten oder nicht. (Wir meinen hier ausdrücklich nicht die »antiautoritär Erzogenen«, sofern beispielsweise deren Eltern ihre eigenen Menschenrechte denen der Kinder unterordnen zu müssen glauben.) Sind die Kinder aus gleichberechtigten Familien vielleicht wilde, barbarische Gestalten, rücksichtslos, disziplinlos, verantwortungslos, ohne Moral, hilflos ihren Trieben ausgeliefert, gemeingefährlich oder sonstwie »unzivilisiert«, weil ihre Eltern sie nicht »zügelten«, nicht zum »Hören« und sonst »Fühlen« zwangen, ihnen nichts von den Werten und Tugenden »einbleuten«, die immer herhalten müssen, wenn es gilt, Macht und Gewalt gegen Schwächere zu rechtfertigen?

Nach allem, was wir wissen, sind sie das nicht. Die jungen Menschen, die wir gut genug kennen und befragen konnten, unterscheiden sich in ihrem Verhalten (»Benehmen«) von anderen nicht so, daß ihnen auf den ersten Blick eine Besonderheit anzumerken wäre. Einige fühlen sich deutlich privilegiert, die anderen machen sich über solche Vergleiche keine Gedanken. Für uns ist nicht entscheidend, ob sie die »besseren Menschen« sind, sondern daß sie in besseren Beziehungen lebten und leben (was sie ausnahmslos bestätigten), daß zwischen Eltern und Kindern weitaus weniger »Streß« bestand und besteht (dito), daß alle Beteiligten deutlich zufriedener mit sich und ihren Kindern/Eltern waren und sind (dito). Daraus folgt, daß also die vielen Sorgen und Kämpfe, Skrupel und Enttäuschungen, besonders auch die vielen inneren Verwundungen und Verwüstungen, die Kinder erleiden, weil ihre Eltern oder andere »Erziehungsberechtigte« sich im Namen irgendwelcher »zivilisatorischen« Werte zur Machtausübung gegen ihre Kinder berechtigt oder verpflichtet fühlen, daß all dies mindestens unnötig ist.

Die im Abschnitt »Menschenverbesserer in Panik« zitierte

Beobachtung, daß dem Menschen die Zivilisation »etwas Äußerliches geblieben sei«, nur »Fassade«, »Firnis« oder »Tünche«, sagt möglicherweise überhaupt nichts über die »Natur des Menschen« aus, sondern nur etwas über reale Menschen, denen von außen allerlei angeblich Schmückendes aufgeklatscht (um nicht zu sagen: geklapst) wurde. Wenn Menschen die Chance haben, sich von Anfang an als Subjekte, aktiv und frei, die Welt zu erobern, die sinnvollen Werte der Zivilisation zu entdecken, sie sich von innen heraus anzueignen (statt sich ihnen unterwerfen und anpassen zu müssen), wenn sie nicht mehr oder weniger gewaltsam zur Zivilisation gezogen werden, sondern in die Zivilisation hineinwachsen können – dann stellt sich womöglich heraus, daß weder der Mensch noch die Zivilisation das eigentliche Problem ist, sondern die Art und Weise, in der die beiden miteinander in Verbindung kommen oder gebracht werden. Vielleicht *wollen* ja die jüngsten Menschen gar nicht so schreckliche Gestalten sein oder werden, wie es die »Agenten der Zivilisation« gern behaupten, um ihre Unentbehrlichkeit zu unterstreichen? Vielleicht ist weniger – an Macht, Druck, Besserwisserei und so weiter – mehr? Und vielleicht ist sogar nichts – an Ungleichberechtigung – das allermeiste?

Am Ende dieses Kapitels, so glauben wir, besteht immerhin die Hoffnung, daß Kinder nicht unbedingt als zu zivilisierende Objekte angesehen werden müssen, die Schwerarbeit und vielerlei Kämpfe erfordern. Vielleicht genügt es einfach, sich Kindern gegenüber genauso *zivilisiert* zu benehmen wie gegenüber anderen Menschen, die man mag, auch.

Daß das nicht nur eine Hoffnung für Familien ist (oder gar »Kinderkram«), wollen wir im nächsten Kapitel in groben Zügen deutlich machen.

Frauenfrage → Männerfrage → Kinderfrage

Ein Brief von Eltern zu Eltern

Hallo, liebe Mit-Eltern und Mit-Elterinnen, sowie sonstige Interessenten und Interessenteriche!

Wir schreiben Euch dieses Kapitel (nur dieses!) in Form eines »lockeren« Briefes, weil wir ein paar Themen ansprechen wollen, die oft recht »verbissen« diskutiert werden. Wahrscheinlich ist das auch kaum zu vermeiden, sobald sich Menschen in sie »vertiefen«, die unterschiedliche Lebenserfahrungen, Ansichten und Zielvorstellungen haben. Uns geht es bei diesen Themen hier aber nicht um tiefe »Einsichten«, sondern um eine allgemeine »Übersicht«, damit nicht länger, wie es heute noch üblich ist, ausgerechnet das wichtigste »übersehen« wird. Wir möchten den richtigen *Stellenwert* der »Kinderfrage« sichtbar machen – möglichst ohne uns in Einzelproblemen zu verfransen.

In diesem Buch wollen wir zeigen, unter welchen Bedingungen es am besten klappt, daß Menschen in Frieden und Freiheit miteinander leben können, sich wohlfühlen, sich gut verstehen, kurz und bündig: sich und anderen ein schönes Leben machen – nicht nur heute und morgen, sondern lebenslänglich.

Weil uns aufgefallen war, daß dieses schöne Leben ausgerechnet zwischen Eltern (oder »Elternteilen«) und ihren Kindern oft nicht so recht gelingt, haben wir vor vielen Jahren beschlossen, uns als Eltern einfach an die Regeln zu halten, die zwischen Menschen sonst allgemein anerkannt sind und auch ganz gut funktionieren. Andere Eltern machten sich ähnliche Gedanken, nicht zuletzt angeregt durch einige Veröffentlichungen, beispielsweise das *Fischer*-Taschenbuch *Die Gleichberechtigung des Kindes* von 1976 (das es aber schon lange nicht mehr gibt). Sie alle blieben ganz normale Eltern mit all den Sorgen, Hoffnungen, Freuden und Ärgernissen, die zum Elterndasein gehören. Sie haben lediglich ihre Kinder grundsätzlich anders angesehen und behandelt, nämlich nicht als »Zöglinge«, die »gehorchen« sollen, im Notfall »verdroschen« werden und überhaupt noch nicht richtig zählen, sondern eben als gleichberechtigte Mitmenschen.

Wir möchten nun aber nicht diese Eltern – und auch nicht ihre Kinder – als leuchtende Vorbilder hinstellen, die alles richtig machen und deshalb keine Probleme haben. Erstens stimmt das nicht, und zweitens würde es nichts nützen. Was manche Leute für vorbildlich halten, kann andere geradezu abschrecken. Die Menschen sind eben verschieden, und Ihr selbst legt sicher auch Wert darauf, Euch von bestimmten anderen deutlich zu unterscheiden. (Gerechterweise werdet Ihr wohl zugeben, daß es diesen anderen mit Euch genauso gehen könnte.) Jeder hat seine Vorlieben, Gewohnheiten und Ideen, die ihm ganz selbstverständlich sind, die aber andere Leute ziemlich unmöglich finden.

Weil die Menschen so verschieden sind und das auch bleiben wollen, ist es so wichtig, daß sie wenigstens *in einem Punkt alle gleich* sind, wenn sie friedlich zusammenleben wollen: *Alle Menschen müssen akzeptieren, daß nicht alle Menschen gleich sind.* Sie müssen ihre Verschiedenheit gegenseitig anerkennen. Einfach gesagt: Sie müssen *tolerant* sein. Leben und leben lassen. Tu mir nichts, ich tu dir auch nichts.

Bekanntlich geht es in der Welt aber nicht so friedlich zu, wie die meisten Menschen heute sich das wünschen. Wir erwähnen das »heute«, weil es noch nicht lange her ist, daß Kriege für etwas Selbstverständliches gehalten wurden und sogar richtige Begeisterung auslösen konnten. Der Krieg als normales oder jedenfalls »letztes« Mittel der Politik ist sogar heute noch nicht überall abgeschafft. Aber nicht nur Militärs üben Gewalt aus.

Auch sonst gibt es jede Menge Streit und Zank und Kämpfe. Wild gewordene Fußballfans, prügelnde Polizisten, Terroristen von links gegen reiche Schweine, Terroristen von rechts gegen arme Schweine, Schlägertrupps und Hausanzünder, massenweise vergewaltigende Männer und mißhandelnde Eltern und und und: Viele Menschen tragen offenbar unter den gegebenen Umständen viel Gewalt mit sich herum. Wenn es keine Gesetze und keine Polizei gäbe, wäre das Leben unter den heutigen Bedingungen vielleicht wirklich ein Krieg aller gegen alle.

Immer wenn sich besonders abscheuliche Gewalttaten häufen, gibt es Diskussionen darüber, »woher diese Gewalt kommt«. Und dann sagen manche (früher sagten das fast alle, auch berühmte Wissenschaftler), der Mensch sei nun mal leider böse, er habe einen Trieb zur Gewalt, einen »Aggressionstrieb« und was noch alles, jedenfalls seien die Menschen von Natur aus nicht dazu veranlagt, friedlich zusammenzuleben. Sie müßten künstlich, von außen, mehr oder weniger mit Gewalt, dazu gebracht werden, keine Gewalt anzuwenden (jedenfalls nicht »auf eigene Faust«; wenn sie »von oben« befohlen wird, gilt selbst die brutalste Gewalt als rechtens). Letztlich sei der Mensch nur durch Strafen – und die Angst vor Strafen – zu rücksichtsvollem und verantwortlichem Handeln zu bringen. Wenn also Menschen gewalttätig würden, liege das erstens an ihrer Natur und zweitens daran, daß ihre Angst vor Strafen nicht stark genug sei. So werden dann strengere Gesetze gefordert, härtere Strafen, mehr Polizei und mehr »Mut zur Erziehung«.

Jetzt kommen wir mal zwischendurch zu einem anderen Thema. Ihr wißt ja ebenso wie wir, daß es zwischen zwei Menschengruppen nicht nur einen kleinen Unterschied gibt, sondern auch jede Menge Probleme. Nicht selten wird sogar vom »Krieg« oder »Kampf der Geschlechter« gesprochen, von der »Herrschaft« des »Patriarchats«, vom »starken Geschlecht« und den »Waffen der Frau«. Noch vor achtzig Jahren hatten die

Männer gegenüber ihren Ehefrauen offiziell das »Züchtigungsrecht«. Wenn die Frau dem Mann nicht gehorchte, durfte der Mann die Frau so lange verprügeln oder einsperren oder sonstwie bestrafen, bis sie »zur Einsicht kam« und wieder tat, was der Mann verlangte.

Das ist heute anders. Ein paar Männchen meinen zwar, daß das eine schöne Zeit gewesen sei, aber nur wenige würden wohl im Ernst diese Zustände wieder einführen wollen – und wenn, dann würden sie es nicht schaffen, weil die Mädchen und Frauen sich das nicht gefallen lassen würden.

Die Zeiten haben sich geändert; genauer gesagt, sie wurden geändert, von Frauen und Männern, die die alten Gesetze für falsch hielten. Gesetze fallen nicht vom Himmel, weder die alten noch die neuen, sondern werden von Menschen gemacht. Wenn sich das Bewußtsein, das Denken der Menschen verändert, werden über kurz oder lang auch die entsprechenden Gesetze geändert. Gesetze hinken also oft hinter der Wirklichkeit her.

Andererseits aber können dieselben Gesetze gleichzeitig auch so gestaltet sein, daß sie der Wirklichkeit »voraushinken«. Zum Beispiel steht im deutschen Grundgesetz der Satz: »Männer und Frauen sind gleichberechtigt.« (In der Verfassung der DDR stand: »Mann und Frau sind gleichberechtigt.«). In der Wirklichkeit werden aber Frauen nicht nur weiterhin offiziell benachteiligt – etwa durch geringere Löhne für gleiche Arbeit oder schlechtere Chancen auf alle möglichen Führungsposten –, sondern sie werden auch im Privatleben von Männern oft nicht so respektvoll behandelt, wie es ihnen als Gleichberechtigte zustehen würde. Die Gleichberechtigung steht zwar im Gesetz, aber die Wirklichkeit hinkt dem Gesetz hinterher. So heißt es in einem Zeitungsartikel vom 18. 01. 94: »Bonn (dpa) – Für die Gleichberechtigung von Frauen und Männern muß mehr getan werden. Das meinen mehr als 60 % der Bürgerinnen. Vor allem in Ostdeutschland wird in dieser Beziehung der Frust immer größer. Dies ergab die zweite repräsentative Umfrage zu diesem Thema, deren Ergebnisse Bundesfrauenministerin Angela Merkel gestern vorstellte. Gegenüber derselben Befragung vor zwei Jahren sei festzustellen, daß der Stand der Gleichberechtigung unverändert ungenügend sei, sagte Merkel.«

Die Wirklichkeit ist also noch nicht soweit, wie das Gesetz es will, und wie wir es wollen. Das Gesetz ist eine Sache, aber das alltägliche Denken und Tun der Menschen – ja klar, auch ihr Fühlen – ist eine andere Sache. Wenn von »Gleichberechtigung« gesprochen wird, können Gesetze und etwa statistische Tatsachen gemeint sein oder aber eher die persönliche Einstellung der Menschen, ihr Bewußtsein, ihr Verhalten. »Gleichberechtigung« hat also zwei Aspekte, einen öffentlichen und einen privaten. Das gleiche gilt auch für den Begriff »Recht«. Bestimmte Rechte habe ich aufgrund der »Rechtslage«, also der staatlichen Gesetze, und für die ist die staatliche »Rechtsprechung« zuständig; viele andere Rechte kann ich nicht auf dem »Rechtsweg« einklagen, aber trotzdem berufe ich mich sehr oft auf sie: wenn ich mich »ungerecht« behandelt fühle, wenn ich mich »rechtfertige« oder »rechthaberisch« bin und so weiter. Oft bedeutet die Silbe »recht« nichts anderes als »richtig« im Sinne von »wahr« oder auch »gut«, was dann schon die Brücke baut zu »gerecht« im Sinne von »fair«. So wie es heute noch Kinder gibt, die ihre Eltern als »streng, aber gerecht« bezeichnen, gab es vor hundert Jahren Frauen, die dasselbe über ihre Männer sagten. Wie würde das klingen, wenn das heutzutage eine Frau über ihren Mann sagen würde? Oder wenn sie ihn »gnädig« und »nachsichtig« nennt?

Viele sprachliche Ausdrücke zeigen sehr deutlich, ob Menschen gleichberechtigt miteinander umgehen oder ob der eine sich als »etwas Besseres« aufspielt und sich das »Recht« nimmt, den anderen »von oben herab« anzusehen, anzusprechen, zu beurteilen, zu »behandeln«. Wenn eine Frau sagt, ihr Mann würde ihr dies oder jenes »nicht erlauben«, und wenn ein Mann sagt, seine Frau habe ihm dies und jenes »verboten«, dann wissen wir sofort, wer von den beiden »die Hosen anhat«. Allerdings gibt es keine Obertanen ohne Untertanen. In der Vergangenheit haben sich Menschen mit Zuständen zufriedengegeben und sich Sachen gefallen lassen, die wir Heutigen nur sehr schwer begreifen können. In Deutschland haben wir das aktuelle Beispiel aus der früheren DDR; aber wir können auch an viel brutalere Diktaturen denken, an die Sklaverei oder die Hexenverfolgungen, um zu sehen, wie stark sich das menschliche Gefühl für Normalität und Gerechtigkeit verändern kann, wie zeitgebunden die Maßstäbe sind, an denen Menschen sich gefühlsmäßig und gedanklich orientieren.

Allerdings: Das *Recht*empfinden des Menschen steht in enger Verbindung mit den jeweiligen *Macht*verhältnissen. Der Satz: »Wer die Macht hat, hat das Recht« gilt zwar heute nicht uneingeschränkt, kommt aber auch nicht von ungefähr. In vordemokratischen Zeiten dienten die Gesetze in erster Linie den Mächtigen, den Herrschenden. Im Laufe der Jahrhunderte haben aber die Ohnmächtigen, die Beherrschten zunehmend an Selbstbewußtsein gewonnen, ihren andressierten blinden Gehorsam abgelegt, Widerstand geleistet, sogar Revolutionen durchgekämpft. Dabei ist nicht zu übersehen, daß Frauen zwar an dieser Entwicklung zur Demokratie immer beteiligt waren, daß aber hauptsächlich die Männer von ihr profitierten. Das Motto »Freiheit, Gleichheit, Brüderlichkeit« der Französischen Revolution war wörtlich so gemeint; die Schwestern, die Frauen, hatten weiterhin politisch nichts zu sagen. Menschenrechte wurden eindeutig als Männerrechte verstanden.

Inzwischen, aber erst seit diesem Jahrhundert, haben die Frauen auch politisch eine Stimme, das Wahlrecht, aber die patriarchalische Tradition ist noch nicht Vergangenheit. Sogar dort, wo Frauen tatsächlich die gleichen Rechte wie Männer haben, haben sie keineswegs die gleiche Macht. Feministinnen fordern deshalb jetzt nicht nur »Gleichberechtigung«, sondern »Gleichstellung« für die Frauen, notfalls durch Quotenregelungen (die sicherstellen, daß bei gleicher Qualifikation eine Frau einem Mann vorgezogen wird, solange in den jeweiligen Positionen Frauen noch unterrepräsentiert sind). Denn: »*Wer wartet und nur auf Bewußtseinswandel setzt, der muß sich auf weitere hundert Jahre einlassen.*« (Bundestagspräsidentin Rita Süßmuth, zitiert in: *Die Zeit*, 28. 01. 94)

Vielleicht stört es Euch, liebe Mit-Bewußtseinswandelnde, daß wir so zwischen Vergangenheit und Gegenwart hin- und herspringen. Aber wenn man die geschichtlichen Entwicklungen nicht berücksichtigt, hält man die eigenen Erfahrungen und Gewohnheiten leicht für selbstverständlich und kümmert sich nicht um die Bedingungen, unter denen sie so und nicht anders geworden sind. Man hält Zustände für »natürlich« und dauerhaft, die doch in Wirklichkeit Folgen konkreter menschlicher Entscheidungen und damit keineswegs unveränderlich sind. Die demokratische Staatsform, in der wir heute leben, ist keine Selbstverständlichkeit, sondern eine Errungenschaft, die auch wieder verlorengehen kann. Andererseits leben wir noch lange nicht in einer friedlichen und gerechten Gesellschaft. Gerade heutzutage hängt sehr viel davon ab, ob die Leute sich für öffentliche Angelegenheiten interessieren und wofür sie sich engagieren.

Damit sind wir schon beim nächsten Thema, der Frage, worauf es dabei in allererster Linie ankommt. In allererster Linie kommt es heute und morgen darauf an, *wer* sich für die öffentlichen Belange engagiert. Wir benutzen eine einfache Unterscheidung und sprechen von »Machtmenschen« auf der einen und »Mitmenschen« auf der anderen Seite. Wir sind sicher, daß das Patriarchat längst tot wäre, wenn die »Mitmenschen« nicht so lange das hingenommen (und *mitgemacht*) hätten, was die »Machtmenschen« so alles unternommen haben.

»Machtmenschen« und »Mitmenschen« haben verschiedene Weltanschauungen und Prioritäten. Unterschiedliche Dinge erscheinen ihnen als mehr oder weniger wichtig, wertvoll, gut. Ein paar Andeutungen genügen, um den Unterschied zu verdeutlichen: Die »Mitmenschen« legen besonderen Wert auf Gemeinsamkeit mit anderen, sie haben einen starken Gruppen-, Freundschafts-, Familiensinn, ihnen ist Zusammenarbeit angenehmer als Konkurrenz, ihr Wir-Gefühl ist stärker als ihr Ich-Gefühl, sie bevorzugen Anzeichen der Gleichheit mit anderen gegenüber Anzeichen der Ungleichheit, sie betonen Verständnis, Einfühlsamkeit, Harmonie mehr als Durchsetzungsvermögen, Autorität, Rechthaberei. Sie haben kein Problem, mit anderen Menschen von gleich zu gleich zu verkehren, sich einzuordnen, neben ihrem eigenen Standpunkt auch andere Standpunkte als berechtigt, als gleichberechtigt anzuerkennen. Na, und so weiter. »Mitmenschen« sind eben Mitmenschen.

»Machtmenschen« sind natürlich auch Mitmenschen, keine »Gegenmenschen« oder gar »Unmenschen«. Sie sehen ihre Mitmenschen aber eher als Konkurrenten an, die nicht grundsätzlich neben, sondern entweder über oder unter ihnen stehen. Das Machen, Eingreifen, Ändern, Kontrollieren, Befehlen, Besitzen, Festhalten, Manipulieren, Führen, Herrschen, Belehren, Im-Griff-Haben, Regieren, Missionieren, Erobern, Unterdrücken und so weiter ist ihr Lebenselement. Sie sehen andere Leute seltener und weniger klar als Subjekte an, öfter und stärker als Objekte. Sie selbst erleben sich freilich nicht als Unterdrücker oder Ausbeuter, sondern sprechen gern vom Formen, Helfen, Fördern, Entwickeln, sogar vom Dienen und besonders von Verantwortung.

Genaugenommen haben wir hier nicht – grob genug – zwei Menschentypen beschrieben, sondern zwei Einstellungen, Denkweisen, *Mentalitäten*. Die kommen erstens in jedem Menschen vor, zweitens aber in unterschiedlicher Stärke, und drittens kommt es immer noch auf die Zusammenhänge und Situationen an. Der Manager, der in seinem Betrieb der absolute Macher ist, kann zu Hause, wenn er vielleicht mit einem weinenden Baby allein ist, dessen Windel gewechselt werden müßte, in totaler Hilflosigkeit verzweifeln. Und die Sekretärin, die im Büro den Ruf hat, immer verständnisvoll und auf Harmonie bedacht zu sein, kann etwa ihren Kindern gegenüber durchaus als ziemlicher »Drachen« auftreten, sie herumkommandieren, bei Ungehorsam bestrafen und ähnliches. Trotzdem kann man bei vielen Menschen deutlich erkennen, daß sie, alles in allem, für das Machen, die Macht, das Oben-unten-Denken eine starke Ader haben, während andere mehr die mitmenschliche Mentalität zeigen.

Kommen wir zurück zu den »öffentlichen Angelegenheiten« und der Frage, *wer* sich für diese engagiert, dann kommen wir zu einer erschütternden Feststellung: Demokratie hin, Demokratie her, es gibt heute noch massenhaft Machtmenschen, und logischerweise sind es vor allem diese Leute, die sich in allen Bereichen (Politik, Wirtschaft, Kultur, Bildungswesen . . .) nach den mit Macht ausgestatteten Positionen drängen. Die Mitmenschen andererseits lassen häufig »die da oben« werkeln und tun, sie halten sich raus, schimpfen nur ein bißchen, wenn die Macher zuviel Mist machen, aber im Prinzip kümmern sie sich um ihre eigenen Angelegenheiten, nennen Politik oft ein »schmutziges Geschäft« und überlassen es denen, die sich darum reißen. Wenn die Menschheit sich selbst ausrottet – und wir alle wissen, daß sie auf dem besten Wege dazu ist –, dann nicht zuletzt deshalb, weil die Mitmenschen nicht begriffen haben, daß sie die öffentlichen Angelegenheiten nicht den Machtmenschen überlassen dürfen.

Wir machen jetzt mal wieder einen Absatz und greifen das Geschlechterthema auf. Bekanntlich finden sich unter den Machtmenschen heutzutage mehr Männer als Frauen. Ob das immer so war, ist unter den Fachleuten umstritten. In den letz-

ten Jahren setzt sich aber immer mehr die Erkenntnis durch, daß von Natur aus nicht die Männer das »starke Geschlecht« sind, sondern die Frauen. Als sich im Lauf der Evolution das menschliche Bewußtsein entwickelte und damit das Wissen um die eigene Sterblichkeit, mußten die Männer erkennen, daß sie biologisch extrem benachteiligt sind. Bei den in Horden lebenden Jägern und Sammlern kannten die Männchen wahrscheinlich lange Zeit nicht einmal ihren eigenen Beitrag zur Fortpflanzung (evolutionstheoretisch gesagt: zur Erhaltung der Art). Bestimmt aber konnte das einzelne Männchen nie sicher sein, ob es sich wirklich nützlich gemacht und ein Kind gezeugt hatte, während sich das einzelne Weibchen über ihre Mutterschaft naturgemäß nicht im unklaren war. Wenn eine Mutter an ihr unausweichliches Sterben dachte, wußte sie, daß ihre Kinder (ihr eigen »Fleisch und Blut«) sie überleben würden. Das gab ihr ein sicheres Gefühl von Wichtigkeit, Bedeutung, eine unbezweifelbare Existenzberechtigung. Diese Sicherheit stand den Männchen nicht zur Verfügung. Sie konnten sich mit ihrer stärkeren Muskelkraft zwar auf andere Weise nützlich machen (als Arbeiter, Beschützer, Versorger, Erfinder . . .), aber jedenfalls mußten sie um Anerkennung und Ansehen viel mehr *kämpfen* als die Weibchen. (Noch heute gibt es offensichtlich mehr männliche Angeber und Wichtigtuer als weibliche.)
Die einzige Möglichkeit für ein Männchen, sich als stolzer Vater fühlen zu können, bestand darin, sicherzustellen, daß überhaupt nur er als Vater (Erzeuger) in Frage kam. Wenn die Weibchen nicht mehr die Möglichkeit hatten, sich alle möglichen Sexualpartner auszusuchen, sondern wenn ein bestimmtes Männchen ein oder mehrere Weibchen in seinen Besitz nahm, dann konnte er sicher sein, daß er der Vater ihrer Kinder war und somit ein Teil von ihm seinen Tod überleben würde.
Es gibt noch eine Reihe anderer Gründe für einen ursprünglichen Minderwertigkeitskomplex des männlichen Geschlechts (das äußerlich sichtbar versagen kann, um nur ein Beispiel zu

nennen). Insgesamt spricht vieles dafür und eigentlich nichts dagegen, die Herrschaft des Mannes, das Patriarchat, als *Reaktion* auf die natürliche Unterlegenheit des Mannes zu deuten. Der Einfachheit halber benutzen wir jetzt das Wort »Ohnmacht« für den Zustand der Abhängigkeit, Unsicherheit, relativen Unwichtigkeit, ja Bedeutungslosigkeit im frühmenschlichen Selbstverständnis. Wer einerseits eine andauernde existentielle Unzufriedenheit spürt, andererseits keine Möglichkeit sieht, diesen Zustand zu ändern, der fühlt sich hilflos, eben: ohnmächtig. Um aus dieser Ohnmacht herauszukommen, haben die Männer die Macht ergriffen; mit Muskelkraft, Erfindergeist (Waffen), nicht zuletzt mit Hilfe der Frauen, die zunächst gar nicht bemerken konnten, was da vor sich ging und woran sie zumindest dadurch mitwirkten, daß sie sich nicht energisch genug zur Wehr setzten. Egal. Nach dieser Theorie entstand die Männerherrschaft als Antwort auf die natürliche Überlegenheit der Frau. Die Männer wollten nicht länger »unten« sein, also strebten sie, auch mit Gewalt, nach »oben« und sorgten – zunächst durch religiöse, dann auch durch staatliche Gesetze – dafür, daß die Frauen sie nicht mehr von da »oben« vertreiben konnten. Die Frauen mußten »unten« bleiben, machtlos und rechtlos. (Frauen, die das nicht akzeptieren wollten, wurden zum Beispiel im ausgehenden Mittelalter millionenfach als »Hexen« verbrannt.) Das ging am leichtesten, wenn man die Frauen gar nicht als richtige Menschen ansah und sie von Kindheit an so behandelte, daß sie diese Ansicht selbst als die einzig mögliche, also die richtige, ansahen. Nach zahlreichen Untersuchungen sind auch heute noch nicht wenige Frauen der Ansicht, dem minderwertigen Geschlecht anzugehören, und sind von sich aus bereit, sich einem Mann unterzuordnen.

Wenn alle diese Überlegungen einen wahren Kern enthalten (was wir annehmen), können wir sagen, daß »der Mann« zunächst einmal berechtigt war, aus seiner Ohnmacht in die

Richtung der Macht, nach »oben«, zu streben. Er wollte sich nur sichern. Sein Fehler lag dann in einer – verständlichen – *Übertreibung*. Aus heutiger Sicht (wo wir Erfahrungen mit bewußt gestalteten demokratischen Verhältnissen haben) wäre es damals richtig gewesen, wenn der Mann in bezug auf Macht und Recht mit der Frau einfach nur gleichgezogen hätte, statt von einem Extrem ins andere zu fallen.

Es ist nicht ganz sinnlos, aus heutiger Sicht so über die »graue Vorzeit« zu spekulieren. Damals konnte es die Idee der Gleichheit aller Menschen noch gar nicht geben. Aber heute gibt es sie. Wenn die modernen Menschen verstehen, daß die Männerherrschaft ursprünglich nicht als Machtmißbrauch des ohnehin stärkeren Geschlechts entstand, sondern als Übertreibung des berechtigten Interesses von Männern, ihre in existentiellen Fragen unsichere und abhängige Position aufzuwerten, dann ist für beide Geschlechter der Weg zu einer friedlichen Koexistenz geebnet. Unter demokratischen Vorzeichen hat kein Mensch das Recht, sich über andere Menschen zu erheben. Und umgekehrt kann von keinem Menschen verlangt werden, sich von anderen Menschen bevormunden und unterdrücken zu lassen.

Es besteht also heute die Aufgabe, überall dort, wo die Gleichberechtigung aller Menschen noch nicht erreicht ist, Wege zu finden, die diesem Ziel dienen – ohne in die alten Fehler zu verfallen und Machtkämpfe über die »Mittellinie« des »Unentschieden« hinaus zu führen.

Weil wir in unserer Weltgegend in Sachen Gleichberechtigung der Geschlechter trotz allem schon ziemlich »verwöhnt« sind, werfen wir mal einen Blick über den europäischen Tellerrand. Hier ein paar Sätze von Bangladeschs berühmtester Schriftstellerin, der Feministin Taslima Nasrin, gerichtet an ihre Geschlechtsgenossinnen:

»Wenn du ein Mensch bist, zerreiße die Fesseln und richte dich auf. Sprenge die Ketten mit deinen Händen, denn es sind deine Hände. Laufe mit deinen Füßen, denn es sind deine Füße.

Schaue dem Leben mit deinen Augen ins Gesicht, denn es sind deine Augen. Lache, denn der Mund, die Augen, das Gesicht, sie sind dein. Du gehörst dir ganz und gar. Du gehörst nur dir selbst.

Sieh, sie kommen, um dich zu beißen, dich zu schmecken, dich zu zerreißen; sie sind nur ein anderes Wort für Tod. Sie sind ein anderes Wort für Barbarei, und sie sind gekommen, um dich zu trinken, zu verschlingen, zu zerbrechen. Das sind Männer. Das sind keine Menschen.

Nimm dich in acht, Frau. Die Männer, die zu dir kommen, leben mit ungezügelter Leidenschaft, mit ungezügelter Wut.«

Wenn man die Lage der Frauen in Bangladesch kennt, wundert man sich über diese Töne nicht. Eher bewundert man den Mut dieser Frau (für deren Ermordung am 23. September 1993 eine Belohnung von 1250 US-Dollar ausgesetzt wurde). Aber wenn sie innerhalb von 42 kurzen Zeitungszeilen viermal den Satz schreibt: »Das sind keine Menschen, das sind Männer«, dann kann man wohl auf den Gedanken kommen, daß auch hier ein berechtigtes Anliegen in Form einer Übertreibung vertreten wird. Zwei weitere Sätze: »Ich bin stolz, daß ich eine Frau bin. Und weil ich eine Frau bin, ist jeder Blutstropfen in mir rein.« (Alle Zitate aus der *tageszeitung*, 29. 01. 94, S. 13/14)

Vielleicht klingen solche Übertreibungen nicht besonders schlimm. Es sind ja nur Worte. Es sind aber Worte, denen nicht einmal die aufgeklärtesten Männer zustimmen können. Ein Mann kann solche Aussagen verstehen, er kann Verständnis für sie haben, aber er kann mit ihnen nicht einverstanden sein. Und die Männer, die eigentlich gemeint sind (die in Staat, Kirche, Gesellschaft und Familie *Herrschenden*), haben durch solche Aussagen einen Vorwand, sich mit dem berechtigten Anliegen der Autorin, der unterdrückten Frauen, nicht beschäftigen zu müssen. Gerade weil das Macho-Verhalten, der Chauvinismus, die Kraftprotzerei der Männchen nicht Zeichen von Stärke sind, sondern von Schwäche (die verborgen und überspielt werden »muß«, solange sie nicht in das – auch von Frauen gepflegte – männliche Rollenklischee paßt), gerade deshalb sind die Männer nicht in der Lage, die Wahrheit der Frauen zur Kenntnis zu nehmen. Wären die Männer wirklich stark, könnten sie diese Wahrheit verkraften. Sie könnten den Versuch wagen, sich einmal gedanklich in die Lage einer unterdrückten und ausgebeuteten Frau zu versetzen. Weil sie aber innerlich schwach sind und die künstliche Fassade der äußeren Macht dringend benötigen, um so etwas wie Selbstachtung erleben zu können, lehnen sie es als unmännlich, unwürdig, »weibisch« ab, die Welt auch vom Standpunkt der Frauen aus zu betrachten. Viele Männer können es sich einfach psychisch nicht leisten, die Überlegenheit ihres Geschlechts auch nur versuchsweise in Frage zu stellen. Der Männlichkeitswahn, »oben« zu sein, kann einfach angesehen werden als Mittel gegen die wahnsinnige Angst davor, »unten« zu sein. (Und diese Angst wird natürlich geschürt, wenn Frauen ihnen sogar das Menschsein absprechen …)

Sobald man aus dem Streit, welches Geschlecht von Natur aus besser, wertvoller, stärker sei, ausgestiegen ist, kann man als Mann ruhig eine biologische Überlegenheit der Frau anerkennen, weil man dadurch nicht benachteiligt wird. Die Gleichberechtigung der Geschlechter ist keine natürliche Sache, sondern eine künstliche. Wenn Männer und Frauen sich auf dieses Prinzip verständigen, haben beide Seiten den Vorteil, nicht mehr um Vormacht und Vorrechte gegeneinander kämpfen zu müssen. Dann kommt der menschliche Verstand erst richtig zum Zug und kann für viele Probleme Lösungen ersinnen, die jeweils alle Beteiligten zufriedenstellen. Das beste Beispiel für eine solche Lösung kennt schon jedes Kind: Wenn sich zwei Menschen etwas teilen wollen, ohne darum (wie etwa Tiere) zu kämpfen, ist die gerechte Lösung, daß der eine Mensch die Sache teilt und der andere die Teile verteilt. Das ist eine typische Friedensregel. Sie führt eigentlich immer zu beiderseitiger Zufriedenheit, besonders wenn zusätzlich ausgemacht wird, daß die Rollen des Teilers und des Verteilers abwechselnd gespielt werden. Haben wir alle schon genügend über die Prinzipien nachgedacht, die hinter dieser Regel stecken? (Ein Hauptprinzip ist wohl die Kooperation: Gerechtigkeit ist nicht die Sache eines einzelnen, sondern umfaßt alle Beteiligten.)

Voraussetzung dafür, daß solche Friedensregeln gefunden und praktiziert werden, ist der Wunsch aller Beteiligten, daß alle Beteiligten mit dem Ergebnis zufrieden sein können. Und wenn nicht alle diesen Wunsch, also dieses gefühlsmäßige Wollen haben, müssen sie wenigstens einsehen, also verstandesgemäß akzeptieren, daß Frieden, Gerechtigkeit und Zusammenarbeit grundsätzlich für alle besser sind als ständige Kämpfe um kurzfristige Vorteile.

Die Welt sähe anders aus, wenn dieser Wunsch oder wenigstens diese Einsicht allgemein vorhanden wäre. Und nun kommt die entscheidende Frage: Liegt es wirklich in erster Linie am Patriarchat, an der Dominanz des Mannes, daß die Menschen auch unter demokratischen Bedingungen nicht friedlich zusammenleben? Daß es so viel Gewalt, Ungerechtigkeit, Unvernunft und Unglück gibt? Haben diejenigen recht, die die Schuld immer wieder den Männern zuschieben?

Natürlich sind wir anderer Meinung. Betrachtet man die menschlichen Dinge mit kühlem Kopf, kann sich der Eindruck aufdrängen, daß sich hinter der Männerherrschaft über die Frauen eine ganz andere Herrschaft verbirgt: die der Erwachsenen über die Kinder.

Wir werden dieses Thema in unserem Buch selbstverständlich genauer behandeln. Im Augenblick erscheint es uns wichtig, zu erwähnen, daß sich die Erwachsenenherrschaft (oft auch »Adultismus« genannt, von lateinisch »adultus« = erwachsen) genaugenommen gar nicht »verbirgt«: Diese Herrschaft tritt überall offen zutage. Was den meisten Menschen noch verborgen ist, ist nicht die Tatsache des Adultismus selbst. Auch seine schädlichen Auswirkungen sind weitgehend bekannt: Tausende von »Therapeuten« führen die Probleme Erwachsener immer wieder auf Kindheitserfahrungen zurück. Regelmäßig heißt es dann, die Erwachsenen sollten jetzt richtig erwachsen werden, sich von ihrer Kindheit verabschieden, sich »reif« verhalten, nicht mehr so, wie es in ihrer Kindheit angemessen oder nötig war. Kinder seien nun mal ohnmächtig, abhängig, hilflos, aber jetzt seien sie Erwachsene und keine Kinder mehr. Der Einfachheit halber formulieren wir zusammenfassend: Die Erwachsenenherrschaft sei zwar nötig, weil Kinder eben Kinder seien, aber jetzt sei es nötig, sich aus der Opferrolle zu befreien und das Leben in die eigene Hand zu nehmen. Und nun der »verborgene« Punkt: Den meisten Menschen ist noch unbekannt, daß die Erwachsenenherrschaft unter demokratischen Bedingungen keineswegs nötig ist. Die meisten Menschen können sich einfach nicht vorstellen, wie das Leben mit Kindern ohne eine – mehr oder weniger strenge oder milde – Erwachsenenherrschaft funktionieren könnte.

Genau deshalb schreiben wir unser Buch und werten dafür die Erfahrungen aus, die Eltern und Kinder in gleichberechtigt lebenden Familien inzwischen gemacht haben. Der für diesen Brief wichtigste Punkt ist, daß sich die Kinder in diesen Familien nicht daran gewöhnen mußten, zu Beginn ihres Lebens rechtlos und ohnmächtig zu sein. Denn die Menschenrechte wurden wirklich als Menschenrechte verstanden, nicht, wie sonst noch meistens üblich, als Erwachsenenrechte. Schon die Babys haben sich nicht grundsätzlich ihren Eltern hilflos ausgeliefert gefühlt, nicht ohnmächtig fremder Willkür unterworfen, sondern hatten mindestens einen Erwachsenen, der zu ihrer Verfügung stand statt über sie zu verfügen. Sie wurden zum Beispiel nicht nach irgendeinem Plan gefüttert (»gestillt« wie Objekte), sondern konnten nach ihrem Willen trinken und später essen. Ihre Eltern wußten und akzeptierten, daß die Kinder von Anfang an in ihren Angelegenheiten die eigentlichen

Experten waren. Sie mußten nicht »brave« oder »artige« oder »gehorsame« Kinder sein, damit ihre Eltern nett zu ihnen waren und sie sich sicher fühlen konnten. Wenn man schon von »Gehorsam« reden will, dann waren es am Anfang ganz eindeutig die Eltern, die auf ihre Kinder hörten und ihnen »gehorchten«, so gut sie konnten. In den Dingen, die die Kinder noch nicht überblickten, war es für sie selbstverständlich, daß sie ihre Eltern als Autoritäten sahen; und umgekehrt war es für ihre Eltern selbstverständlich, daß in den für die Kinder wichtigen Fragen diese selbst die Autoritäten waren. Wenn die Eltern manchmal nicht alles so hinkriegen konnten, daß die Kinder zufrieden waren, entschuldigten sie sich und versuchten, es das nächste Mal besser zu machen. Die Machtverhältnisse in diesen Familien waren ganz klar so geregelt, daß am Anfang die Kinder das Sagen hatten und die Eltern das Tun; später machte jeder, was er selbst wollte und konnte. Die Kinder hatten also am Anfang eine ganze Menge *Vorrechte*, einfach weil sie, wie das bei ganz neuen Menschen eben so ist, vieles noch nicht selber machen konnten. Im Laufe der Zeit hatten sie immer weniger Vorrechte nötig, und so kam allmählich das Prinzip Gleichberechtigung voll zum Tragen.

Wenn diese allgemeine Orientierung (die wir natürlich noch genauer beschreiben) einigermaßen durchgehalten wird, werden die Kinder alles mögliche, aber garantiert keine Machtmenschen. Sie haben sogar große Schwierigkeiten, sich in die Mentalität dieser Leute hineinzudenken, und können kaum begreifen, wie arm die dran sind. Die meisten der vierzehn Jugendlichen, die wir befragten, waren zwar der Meinung, in gleichberechtigten Familien hätten es auch die Eltern leichter als in machtorientierten (was alle Eltern bestätigen), aber als Begründung gaben sie an, die Kinder könnten sich besser allein und miteinander beschäftigen, würden nicht wegen jedem Mist fragen, seien also selbständiger und könnten besser mitdenken. Von sich aus dachten sie nicht an die vielen Widerstands- und Verzweiflungsakte unterdrückter Kinder, von Trotzanfällen über »Flucht in die Krankheit«, Streiche und Tölpeleien bis hin zu gezielten Provokationen und Sabotageakten. Nur ein Junge erwähnte, daß elterliches Befehlen »oft auf Widerspruch der Kinder stößt«. Auf den Gedanken an echten *Widerstand* bis hin zu den Gegenangriffen, die normale Eltern dann zu der Aussage bringen, ihre Kinder würden ihnen »auf der Nase herumtanzen« oder seien sogar »kleine Tyrannen«, auf diesen Gedanken kamen diese Kinder von sich aus nicht. Als wir sie darauf aufmerksam machten, sagten dann alle Befragten, daß die Beziehungsform Gleichberechtigung auch den Eltern insgesamt Zeit und Mühe spart.

Wir unter uns, liebe Mit-Eltern, wissen ja mindestens von anderen Familien genau, wie das läuft, wenn Erwachsene gegenüber Kindern auf dem Macht-Trip sind und bleiben. Im Laufe der Zeit wird es immer schlimmer für die Ärmsten! (Wir meinen jetzt die Eltern.) Indem sie gedanklich auf dem Macht-Trip bleiben, aber nicht verhindern können, daß die Kinder immer selbstbewußter werden, geben sich diese Leute selbst mehr und mehr der Lächerlichkeit preis. Sie bejammern ihre schwindende »Autorität«, faseln vom »Werteverlust«, unterstellen der Jugend »Orientierungslosigkeit« und alle möglichen anderen Mängel, sind aber in Wirklichkeit – vor lauter Selbstmitleid – bloß blind für die Chancen, die in einer fortschreitenden Demokratisierung aller Lebensbereiche liegen.

Nun muß man nicht ein Machtmensch sein, um in Zweifelsfällen die demokratischen Grundsätze über Bord zu werfen. Viele Eltern wollen nicht von vornherein ihren Kindern gegenübertreten wie Diktatoren ihren Untertanen. Sie würden sich schon gerne demokratisch (»partnerschaftlich«) verhalten, geben sich aber einigen Illusionen hin. Und dann kommen sie eben bald in Situationen, wo ihnen ihre guten Vorsätze nichts nützen. Sie greifen auf alte, angeblich bewährte Methoden zurück (Macht, Herrschaft, Gewalt, Einschüchterung ...) und glauben ernstlich, sie hätten »es« lange genug »im Guten versucht«, um sagen zu können, es sei ihnen »nichts anderes übriggeblieben«. Es wird den Erwachsenen von interessierter Seite (von den besonders aktiven Machtmenschen) ja heute noch vielfältig eingeredet, daß Eltern und Kinder nicht gleichberechtigt leben könnten. Und wenn doch, dann sei das verantwortungslos, nämlich nicht gut für die Kinder oder wenigstens für die Gesellschaft. Deshalb ist es einerseits zwar so, daß viele Eltern sich gegenüber ihren Kindern gerne anständig verhalten würden, aber andererseits auch so, daß sie es im tiefsten Grunde gar nicht für richtig oder sogar nicht für möglich halten. Und wenn man etwas von vornherein für unmöglich hält, einfach weil man es nicht kennt, dann sucht man in kritischen Lagen gar nicht erst ernsthaft nach Alternativen zu dem Gewohnten, Bekannten.

Im übrigen müssen wir als Buchautoren sowieso voraussetzen, daß es ein paar Leute gibt, die ein Interesse haben zu erfahren, *daß* das geht (»Gleichberechtigung im Kinderzimmer«), *wie* das geht, und außerdem, daß es nicht nachteilig, sondern sehr vorteilhaft für Kinder, Eltern und Gesellschaft ist. Mit diesem Brief wollten wir zusätzlich zeigen, daß Eltern auch auf der reinen Erwachsenen-Ebene unter Umständen erheblich davon profitieren können, wenn sie sich gewissermaßen auf dem »Umweg« über die Kinderfrage neu mit der Geschlechterthematik auseinandersetzen. Seit es die »Frauenfrage« gibt, werden die Männer immer stärker in die Defensive gedrängt, nicht nur politisch, sondern auch ganz privat. Ist es ein Wunder, daß sie dann entweder zurückschlagen oder sich zurückziehen? Wenn sie wirklich stark wären, hätten sie beides nicht nötig – aber es gilt auch der umgekehrte Zusammenhang: Wenn wenigstens im Privatleben weder Kinder noch Männer noch Frauen es mehr nötig haben, um ihre Gleichberechtigung zu kämpfen (mit dem Risiko zu allerlei Übertreibungen), weil dieses Prinzip zur offenen und immer wieder Orientierung bietenden Grundlage des Zusammenlebens *aller* Menschen gemacht wird, dann sind auch alle Menschen stark genug, stark als Kinder, stark als Männer, stark als Frauen, um Schwäche zulassen zu können, viel mehr Ehrlichkeit sich und anderen gegenüber zu wagen, viel weniger Konkurrenz- und Machtdenken nötig zu haben, hauptsächlich stark genug, um nicht mehr über andere Menschen herrschen zu wollen (oder seelisch zu »müssen«). Und wenn die Mitmenschen in dieser Lebensform immer sicherer werden – wobei uns die Kinder unschätzbare Hilfe leisten können –, dann besteht sogar die Chance, immer mehr »Machtmenschen« dem erbärmlichen Machtdenken abzuwerben, die ganz Hartgesottenen an ungefährliche Orte abzuschieben und die Entwicklung zur Demokratie auf allen Ebenen abzuschließen und gesetzlich abzusichern. Wie dem auch sei, wir wenden uns jetzt wieder dem »Kinderzimmer« zu und versuchen, das was für uns schon so lange selbstverständlich ist, so darzustellen, zu begründen, plausibel zu machen, daß es auch für andere Menschen verständlich wird. Wir wünschen Euch und uns viel Verständnis.

P. S. Unser Buch wird immer wieder den Eindruck machen, in der Praxis sei »alles ganz einfach«, was wir so umständlich zu erklären versuchen und was Ihnen, liebe Mit-Eltern, jetzt vielleicht noch ganz »unmöglich zu schaffen« erscheint. Das liegt einfach daran, daß es in Wirklichkeit nur zum kleinen Teil auf Ihre (unsere) Fähigkeiten ankommt, sobald die Kinder ihre Fähigkeiten ins gleichberechtigte Spiel bringen können. Auf unserer Seite geht es nur um einige wenige Vorleistungen, und die bestehen hauptsächlich in Unterlassungen. In Zweifelsfällen haben wir immer die Kinder gefragt. Die haben viel weniger »Schrott« im Kopf als wir. So einfach ist das.

Die siebente Beziehungsform

Eine Weiterführung der »psychogenetischen Geschichte der Kindheit« von Lloyd deMause

In diesem Kapitel werden wir einige Gedanken weiterentwikkeln, die in den letzten beiden Jahrzehnten in besonderer Weise zu einem Wandel der Eltern-Kind-Beziehungen beitrugen. Dabei geht es uns nicht darum, neue Forderungen aufzustellen oder Handlungsrezepte anzubieten. Vielmehr möchten wir eine Entwicklung vorantreiben, die das gesamte Thema von naheliegenden aber schädlichen Illusionen, Vorurteilen und Ideologien mehr und mehr befreit. Der möglichst unverstellte und ungetrübte Blick auf die Wirklichkeit ist sicherlich die beste Voraussetzung dafür, daß all die guten Absichten und tiefen Gefühle, die Erwachsene in bezug auf Kinder zunächst einmal zweifelsfrei haben, auch wirklich zum Tragen kommen und nicht zu den heute weithin üblichen Enttäuschungen führen.

Zu Beginn greifen wir zurück auf das Buch *Hört ihr die Kinder weinen,* das der Psychologe und Historiker Lloyd deMause 1974 (deutsch 1977) herausgab. Sein Untertitel: »Eine psychogenetische Geschichte der Kindheit« (Das Vorwort schrieb der vielbeachtete Reformpädagoge Hartmut von Hentig). Lloyd deMause kennzeichnet aus historischer Sicht sechs verschiedene Formen der Eltern-Kind-Beziehung, wie sie sich von der Antike bis zur Mitte des 20. Jahrhunderts entwickelt haben. Die fünfte Form (19. Jahrhundert bis etwa 1950) nennt er »Sozialisation«: Die Eltern versuchen, das Kind »auf den rechten Weg zu bringen, es anzupassen, es zu sozialisieren«. Der Autor bemerkt dazu: »Die meisten halten die Beziehungsform Sozialisation noch immer für das einzige Modell, in dessen

Rahmen die Diskussion über die Fürsorge für Kinder weiterge-
führt werden kann.« (S. 84)
Dagegen stellt deMause als zeitgemäße Beziehungsform heraus:
»6. Form: Unterstützung (ab Mitte des zwanzigsten Jahrhunderts): Die Beziehungsform Unterstützung beruht auf der Auffassung, daß das Kind besser als seine Eltern weiß, was es in
jedem Stadium seines Lebens braucht. Sie bezieht beide Eltern
in das Leben des Kindes ein; die Eltern versuchen, sich in die
sich erweiternden und besonderen Bedürfnisse des Kindes ein-
zufühlen und sie zu erfüllen. Bei dieser Beziehungsform fehlt
jeglicher Versuch der Disziplinierung oder der Formung von
›Gewohnheiten‹. Die Kinder werden weder geschlagen noch
gescholten, und man entschuldigt sich bei ihnen, wenn sie einmal unter großem Streß angeschrien werden. Diese Form verlangt von beiden Eltern außerordentlich viel Zeit, Energie und
Diskussionsbereitschaft, insbesondere während der ersten
sechs Jahre, denn einem kleinen Kind dabei zu helfen, seine täg-
lichen Ziele zu erreichen, bedeutet, ständig auf es einzugehen,
mit ihm zu spielen, seine Regressionen zu tolerieren, ihm zu
dienen, statt sich von ihm bedienen zu lassen, seine emotionalen Konflikte zu interpretieren und ihm die für seine sich ent-
wickelnden Interessen erforderlichen Gegenstände zur Verfügung zu stellen. Bisher haben nur wenige Eltern konsequent
versucht, in dieser Form für ihre Kinder zu sorgen.«
Wir können nicht beurteilen, wie viele Eltern vor zwanzig Jahren und auch später »versucht haben«, diese sechste Beziehungsform zu leben, und erst recht nicht, wie viele es tatsächlich taten, sogar noch »konsequent«. Wir wissen aber, daß die
»Beziehungsform Unterstützung« als Alternative zur »Beziehungsform Sozialisation« in einigen Kreisen recht erfolgreich
propagiert wurde und wird. »Unterstützen statt erziehen« (ein
Buchtitel von Hubertus von Schönebeck) ist als Motto für den
Umgang mit Kindern aber sicher nicht das letzte Wort der Geschichte, falls diese sich zur *Gleichberechtigung aller Menschen*

hin entwickeln soll. Die Auffassung (mit Lloyd deMause), »daß das Kind besser als seine Eltern weiß, was es in jedem Stadium seines Lebens braucht«, ist als Gegenposition zur fünften Beziehungsform (Sozialisation/Erziehung) in wichtigen Punkten berechtigt, kann jedoch insgesamt einer nüchternen Nachprüfung nicht standhalten. Die Aussage, daß jemand »weiß«, was er »braucht«, ist in dieser Allgemeinheit inhaltsleer. Man »braucht« etwas immer zu einem bestimmten Zweck; etwa Nahrung und Luft, um am Leben zu bleiben. Aber was braucht man, um Langeweile zu vertreiben, Masern zu kurieren, Freunde zu gewinnen und dergleichen?

Ähnliche Probleme stecken in dem Wort »weiß«. Manche Autoren formulieren, um das Wort »brauchen« zu vermeiden, daß das Kind am besten selbst weiß, »was gut für es ist«. Als Gegenposition zu der »Allwissenheit«, mit der manche Eltern ziemlich rücksichtslos über ihre Kinder bestimmen, ist auch diese Annahme berechtigt. Aber was bedeutet hier, genaugenommen, das Wort »wissen«? Man kann indirekt »wissen«, wann die Schlacht von Waterloo war (weil man den Geschichtsbüchern traut), und man kann unmittelbar »wissen«, daß man gerade ein Buch liest (weil man seinen Sinnen und seinem Verstand traut), aber kann jemand »wissen«, wie er in naher oder fernerer Zukunft über etwas denken wird, was ihm heute »gut« zu sein scheint oder was er bisher zu »brauchen« gewöhnt war? Offensichtlich benutzen wir im Alltag zahlreiche sprachliche Ausdrücke, die unter bestimmten Voraussetzungen praktisch und vernünftig sind, aber eben nur einen begrenzten Geltungsbereich haben. Weil wir in Wirklichkeit oft gerade nicht wissen, was wir »brauchen« oder was »gut für uns ist«, weil wir manchmal sogar Probleme haben herauszufinden, »was wir eigentlich wollen«, führen wir Gespräche mit anderen Menschen, lassen uns beraten, lesen Bücher, erkundigen uns bei Fachleuten, bitten um Hilfe, tauschen Gedanken und Meinungen aus, probieren dies und jenes, lernen dabei viel Neues kennen, lernen dabei vielleicht sogar uns selbst besser kennen, jedenfalls befinden wir uns in ständiger Entwicklung, auf mehr oder weniger »guten« Wegen in eine Zukunft, über die wir auch bei äußerster Anstrengung viel weniger »wissen« können, als die zitierten Aussagen suggerieren.

Zur Rettung dieser Aussagen läßt sich einwenden, daß die Beschränktheit der Wissensmöglichkeiten (besonders im Hinblick auf die Zukunft) für Menschen jeden Alters geltend gemacht werden kann. Der Vorsprung an Erfahrungen, den Erwachsene gegenüber Kindern normalerweise haben, rechtfertige deshalb keineswegs die weithin übliche elterliche Besserwisserei und Bevormundung, zumal persönliche Erfahrungen niemals ohne weiteres von einer Person auf eine andere übertragbar seien. Die Formulierung »besser als« behaupte ohnehin keine Unfehlbarkeit des Kindes, sondern mache lediglich auf die schlichte Tatsache aufmerksam, daß jedes Lebewesen in erster Linie von innen heraus existiere, seinen eigenen Gesetzen folge, daß schon neugeborene Kinder von ihrem eigenen Gehirn gesteuert würden, ihren eigenen Kopf hätten. Oft wird dann die »Weisheit des Organismus« erwähnt, alle möglichen »Instinkte« werden angeführt, auch »Selbstheilungskräfte«, der »Gott in uns« und viele weitere Indizien, die geeignet sind, die genannte Auffassung zu stützen, daß im Zweifelsfalle eben doch das Individuum selbst sein bester »Experte« ist, und daß deshalb schon kleinste Kinder »selbstbestimmt« leben könnten und sollten.

Wir greifen die hier angesprochene Problematik in den nächsten Kapiteln wieder auf, um mit Hilfe konkreter Beispiele zu differenzierten Urteilen zu gelangen. Hier ist bereits klar, daß die »Beziehungsform Unterstützung« unter unserem zentralen Gesichtspunkt lediglich die Umkehrung der »Beziehungsform Sozialisation« ist: Versuchen die Eltern bei der fünften Form, das Kind zu disziplinieren, nach ihrem Bild zu formen, ihren Erwartungen anzupassen, so versuchen sie bei der sechsten

Form, sich selbst zu disziplinieren, dem Wunschbild des Kindes zu entsprechen, sich selbst den Erwartungen des Kindes anzupassen. »Kinder an die Macht!« ist denn auch die Formel, mit der Befürworter und – hauptsächlich – Gegner dieser Umkehrung beschreiben, um was es dabei geht.

Handelt es sich aber wirklich um eine vernünftige Forderung (unabhängig davon, wie realistisch sie ist)? Wir meinen: Nein. Selbst wenn es möglich wäre, daß die Erwachsenen sich so konsequent den Kindern unterordnen, wie es die »Beziehungsform Unterstützung« verlangt, bliebe die Hauptsache unverändert: das Oben-unten-Denken, das Machtgefälle, die Herrschaft der einen über die anderen. Auf der politischen Ebene könnte man hier an die »Diktatur des Proletariats« erinnert werden, auf der Geschlechterebene an die Verwandlung des »Machos« in den »Softie«. Auch diese sind historisch verständliche Gegenreaktionen, aber sicher nicht stabile Problemlösungen. Wir schlagen deshalb eine siebente, im Rahmen gegenwärtiger Denkmöglichkeiten endgültige Form der Eltern-Kind-Beziehung vor und nennen sie »Beziehungsform Gleichberechtigung«.

Um gleich ein Mißverständnis auszuschließen: Gleichberechtigung ist nicht identisch mit Gleichheit, auch nicht mit Gleichwertigkeit, auch nicht mit Gleichverpflichtung. Der Begriff »Gleichberechtigung« soll für das Verhältnis zwischen den Generationen nicht mehr und nicht weniger bedeuten als für das Verhältnis zwischen den Geschlechtern. Wenn Männer und Frauen »gleichberechtigt« genannt werden, denkt niemand daran, daß Männer das Recht haben sollten, Kinder zu gebären, oder etwa daß die um mehr als zehn Prozent höhere Lebensdauer der Frauen ein Unrecht gegenüber den Männern wäre.

Daß Frauen und Männer nicht »gleich« sind, brauchen wir nicht zu erläutern. Ob Frauen und Männer als »gleichwertig« angesehen werden können oder müssen, hängt von der Bezugsgröße ab: Für wen oder was ist der Mann/die Frau von gleichem oder unterschiedlichem Wert?

Wenn von der »Gleichwertigkeit« der Geschlechter gesprochen wird, ist in Wahrheit aber nicht von bestimmten Fähigkeiten (für etwas oder jemanden) die Rede, also nicht von »vergleichbaren« Größen – die dann im Einzelfall ja unterschiedlich sein könnten. Ebensowenig kann der Wert *für andere* gemeint sein: Auch dann wäre nicht Gleichheit, sondern Unterschiedlichkeit die Regel. (In vielen Unternehmen und Organisationen wird offen davon gesprochen, daß bestimmte Mitarbeiterinnen oder Mitarbeiter »für den Betrieb besonders wertvoll« seien; und diese Redeweise ist nicht sinnvoll kritisierbar.)

Die Rede von der Gleichwertigkeit der Geschlechter kann nicht den Wert eines Menschen für etwas oder jemanden meinen. Für wen oder was sind also Mann und Frau von gleichem Wert? Die Antwort kann nur lauten: für sich selbst. Wenn die Suche nach objektiven Maßstäben und außerpersönlichen Bezugsgrößen immer scheitern muß, weil dabei immer wieder Unterschiede »herauskommen«, kann die Rede von der »Gleichwertigkeit« der Geschlechter nur eine Übereinkunft dokumentieren: die Übereinkunft, die grundsätzliche Subjektivität jedes Menschen anzuerkennen. Das existentielle Selbstwertgefühl des Individuums soll nicht von außen beeinträchtigt werden dürfen durch alle möglichen Vergleiche. Der Mensch soll als »Wert an sich« (und für sich) anerkannt werden, unabhängig davon, ob er zufällig als Frau oder als Mann zur Welt gekommen ist. Weder Frau noch Mann soll sich aufgrund ihres beziehungsweise seines Geschlechts als »minderwertig« ansehen müssen, weder sie noch er soll deshalb als minderwertig angesehen werden dürfen.

Diese Übereinkunft ist in unserer Kultur heute zumindest »auf dem Papier« allgemein gültig und unbestritten. Die »Gleichwertigkeit« der Geschlechter gilt auf der gleichen Ebene wie ihre grundgesetzliche »Gleichberechtigung«. Der Vollständigkeit halber erwähnen wir auch noch die Gleichwertigkeit »aller Menschen«, die nichts anderes meint als die grundgesetzlich verbürgte, unantastbare Menschenwürde aller Menschen. Auch diese Übereinkunft ist eine unverzichtbare Friedensregel, die verhindern soll, daß einzelne Menschen oder Menschengruppen auf »überhebliche« Gedanken kommen, auf andere Menschen oder Menschengruppen »herabsehen« und daraus eventuell das »Recht« ableiten, sie so zu behandeln, wie es in vordemokratischen Zeiten nicht nur üblich war, sondern auch als »rechtens« galt.

Die vorstehenden Gedanken sind ziemlich philosophisch, hoch abstrakt und »künstlich«. Sie sind aber die Grundlage für sehr konkrete Errungenschaften, die ohne sie niemals zum selbstverständlich scheinenden Teil unserer gewohnten Lebensqualität geworden wären. Die genannten Übereinkünfte, die sich unter dem Begriff »Menschenrechte« zusammenfassen lassen, werden heute gerne von jedermann und jederfrau in Anspruch genommen, meist ohne daß die Betreffenden sich klarmachen, wie langwierig und hart die Kämpfe waren, mit denen diese Rechte den Machtmenschen abgetrotzt werden mußten.

Wir erinnern an diese Kämpfe und an die ihnen zugrundeliegenden Ideen, weil sie noch lange nicht in jedem Bereich (und in jeder Weltgegend) erfolgreich waren. Es ist heute möglich, daß ein und dieselbe Frau sich etwa gegen ihren Ehemann berechtigterweise empört, von ihm durch eine sexistische Bemerkung in ihren Menschenrechten als Frau verletzt worden zu sein, und wenig später nur ein müdes Lächeln zeigt, wenn ihr Kind die Stirn haben sollte, sich gegen herabsetzende Bemerkungen seiner Mutter zu wehren, indem es sich auf seine Menschenrechte als Kind beruft. Wir (A. B. und EvB) haben in ungezählten Gesprächen mit anderen Erwachsenen immer wieder festgestellt, wie schwer es ihnen fällt, genau die gleichen Prinzipien, mit denen sie in Hinblick auf die Gleichberechtigung der Geschlechter völlig einverstanden sind, auch in Hinblick auf die Gleichberechtigung der Generationen gelten zu lassen. Wir werden deshalb jetzt einige der meistgenannten

Einwände diskutieren und gemeinsam mit der »Beziehungsform Gleichberechtigung« auf den Prüfstand stellen. (Andere
Einwände greifen wir in späteren Kapiteln auf.)

Der Haupteinwand wird vorwiegend von Frauen erhoben, die
sich dagegen wehren, mit Kindern »in einen Topf geworfen zu
werden«. Er lautet im Kern: Erwachsene Frauen unterschieden
sich von erwachsenen Männern weit weniger als von Kindern.
Wer Kinder als mit Erwachsenen gleichberechtigt anerkannt
wissen wolle, übersehe oder unterschlage, daß Kinder keine
»kleinen Erwachsenen« seien, sondern in einer eigenständigen
Lebensform existierten, die sie unter anderem besonders
schutzbedürftig mache. Beispielsweise gefährdeten Kinder
wegen ihres fehlenden Durchblicks häufig sowohl sich selbst
als auch andere Lebewesen und etwa wertvolle Gegenstände in
ungleich höherem Maße als ausgereifte Erwachsene, so daß es
völlig unangemessen wäre, ihnen die gleichen Rechte wie jenen
zuzubilligen.
Dieser Einwand wird in mehreren Variationen vorgetragen, die
darin übereinstimmen, daß auf die unterschiedlichen Fähigkeiten von erwachsenen Frauen und Männern auf der einen Seite
und von Kindern, zumal den jüngeren, auf der anderen Seite
hingewiesen wird.
In den erwähnten Gesprächen haben wir früher oft den Fehler
gemacht, die Unterschiede der Fähigkeiten von Erwachsenen
und Kindern zu relativieren und aufzuzeigen, was – besonders
nichtunterdrückte – Kinder »schon alles können«, und umgekehrt, welch groben und folgenschweren Unfug Erwachsene
oft anstellen. Diese Argumentation ist nicht inhaltlich, aber
prinzipiell und strategisch falsch, denn mit ihr begeben wir uns
auf die Ebene der Fähigkeiten, statt auf der Ebene der Menschenrechte zu bleiben und den Unterschied dieser beiden Ebenen zu betonen.
Der erwähnte Fehler kann leicht passieren und ist weit verbrei-

tet. Er gehört dem Machtdenken an und wird von Machtmenschen systematisch gefördert, hauptsächlich dadurch, daß sie immer wieder behaupten, *Rechte* seien grundsätzlich mit *Pflichten* gekoppelt. In Wirklichkeit gilt dies nur für die sogenannten »Ordnungsrechte«, nicht für die sogenannten »Schutzrechte«. Das Recht, ein Auto zu fahren (auf öffentlichen Straßen), ist an die Pflicht gekoppelt, den Führerschein zu machen (und zu behalten). Alle »bedingten« Rechte erfordern von uns, daß wir ihre Bedingungen erfüllen, also auch, daß wir sie erfüllen können. Damit befinden sich diese Rechte auf der gleichen Ebene wie die ihnen entsprechenden (mit ihnen »korrespondierenden«) Fähigkeiten. Auf dieser Ebene gehören Rechte und Pflichten tatsächlich zusammen. Im Geschlechterverhältnis wird auf dieser Ebene aber nicht um »Gleichberechtigung« gestritten, sondern um »Gleichstellung«. Ein Beispiel ist die Forderung von Frauen nach gleichem Lohn für gleiche Arbeit. Auf dieser Ebene von Rechten und Pflichten oder Leistung und Gegenleistung ist jedoch immer eine konkrete *Gleichheit* der beteiligten Menschen vorausgesetzt und gegeben. Der Begriff »Gleichberechtigung« wird zwar gewohnheitsmäßig auch auf dieser Ebene gebraucht, trifft aber nicht den Kern des Problems: Niemand kommt auf den Gedanken, unter dem Motto »Gleichberechtigung« etwa Boxer unterschiedlicher Gewichtsklassen gegeneinander antreten zu lassen. Ebenso kann sich kein armer Mensch, der einen reichen Menschen bestiehlt, auf seinen Wunsch nach »Gleichberechtigung« berufen.

Kommen wir nun zur Ebene der Menschenrechte, der »unbedingten« Rechte. Der arme und der reiche Mensch, der Leichtgewichtler und der Schwergewichtler, diese Frau und jener Mann sind unter vielen Gesichtspunkten ungleich, aber in bezug auf ihre Menschenrechte sind sie gleich. Jedenfalls gilt diese Übereinkunft in den modernen demokratischen Verfassungsstaaten, und wir können uns wie jedermann sonst auf sie

berufen. Die einfache Wahrheit ist jedoch, daß diese Übereinkunft nicht für Kinder gilt, so wie sie jahrhundertelang auch
nicht für Frauen galt. »Im Prinzip« ist heute zwar anerkannt,
daß Kinder Menschen sind und Grundrechtsträger, daß ihnen
also die Menschenrechte zustehen, aber nicht nur irgendwelche
»zurückgebliebenen« Eltern, sondern auch der Gesetzgeber
und die Rechtsprechung nehmen Kinder (außer in Sonntagsreden) theoretisch und praktisch weiterhin nicht als Menschen
im vollen Sinne wahr.

Wir werden diese Tatsache noch ausführlich beschreiben sowie
ihre Ursachen und Folgen untersuchen. Im Augenblick geht es
uns nur darum, ganz allgemein die beiden genannten Ebenen
auseinanderzuhalten, um überhaupt einen Zugang zu dem Problem freizulegen.

Anders als »Ordnungsrechte« sind »Schutzrechte« nicht an
Pflichten gekoppelt. Die Menschenrechte sind *unbedingte*
Rechte, die nicht von irgendwelchen Leistungen und Fähigkeiten abhängen. Die Ebene der Menschenrechte zeichnet sich
dadurch aus, ja sie ist geradezu dadurch definiert, daß auf ihr
sämtliche Unterschiede zwischen den Menschen bedeutungslos
sein sollen. So wie die Menschenwürde »unantastbar« ist, gelten die Menschenrechte als »unveräußerlich«; sie sind nicht
verlierbar, sie sind nicht wegnehmbar, sie sind nicht einmal
weggebbar.

Auf der Ebene der Menschenrechte spielen also Fähigkeiten
und Unfähigkeiten keine Rolle. Jeder Mensch *hat* die Menschenrechte, sogar der Schwerverbrecher, der Massenmörder,
der Machtmensch, der Papst, der Raucher, der Sterbende. Wenn
wir uns nun noch einmal den oben zitierten Haupteinwand
ansehen, wird klar, daß er ins Leere zielt. Kinder und Erwachsene sind in vieler Hinsicht ungleich, aber nicht hinsichtlich der
Menschenrechte. Es ist sinnlos, wenn Erwachsene sich dagegen
wehren, mit Kindern »in einen Topf geworfen zu werden«,
denn sie befinden sich immer schon in diesem »Topf«. In ihm

sind die unterschiedlichen Fähigkeiten von Erwachsenen und Kindern bedeutungslos.

Die Frage ist allerdings, ob nicht auch solche Überlegungen bedeutungslos sind. Handelt es sich bei ihnen um mehr als um bloße Prinzipienreiterei? Was nützen etwa einem Säugling seine Menschenrechte, da er doch offensichtlich nicht die Fähigkeit besitzt, sich auf ihre Geltung zu berufen, geschweige denn, sie durchzusetzen? (»Wo kein Kläger ist, ist auch kein Richter.«) Läßt sich die Ebene der Fähigkeiten sinnvollerweise so vollständig außer Kraft setzen, wie wir es eben (oben) taten?

Die möglichen Antworten auf diese Fragen hängen entscheidend davon ab, worauf die Antwortsuchenden hinauswollen. Genauer: worauf sie hinaus *wollen*. Da Säuglinge nicht über die Macht verfügen, ihre Menschenrechte zur Geltung zu bringen, können sie immer als gewissermaßen »selber schuld« angesehen werden. Wer nach Gründen sucht, die dafür sprechen, daß Kinder weiterhin aus der Demokratie ausgesperrt bleiben, findet sie heute noch massenhaft und mit Leichtigkeit. – Als Frauen noch nicht als Menschen galten, gab es auch dafür genügend Gründe. Zu Zeiten der katholischen Inquisition wurden sogar Gründe gefunden, millionenfach Frauen als Hexen zu verbrennen. Trotz der »Aufklärung« gab es noch in diesem Jahrhundert Gründe für das Züchtigungsrecht von Männern an Frauen, von Lehrern an Schülern, von Eltern an Kindern.

Nach diesem kurzen Blick in die Vergangenheit stellen wir nun unsere Fragen an die Zukunft. Dabei lassen wir uns bewußt und offen von einem Wunsch leiten, von einer bestimmten Absicht. Wir suchen Gründe – anders gesagt: Begründungen – dafür, daß schon heute die »Beziehungsform Gleichberechtigung« unter allen wesentlichen Gesichtspunkten und für alle Beteiligten besser, richtiger, angenehmer und – nicht zuletzt – dem Frieden zwischen den Menschen dienlicher ist als die »Beziehungsform Unterstützung« und, erst recht, als die »Beziehungsform Sozialisation«.

Wer sucht, der findet. Betrachten wir noch einmal die Menschenrechte. Der Mensch hat sie bedingungslos, einfach weil er Mensch ist. Dies ist allgemeine Übereinkunft, an der es nichts zu deuteln gibt. Wenn wir diese Aussage ganz ernst nehmen, dann stellt sich überhaupt nicht die Frage, ob Kindern die Menschenrechte »zugebilligt« werden (und ob das »angemessen« wäre oder nicht). Niemand steht vor der Wahl, Kindern die Menschenrechte zu geben oder zu nehmen. Es ist genauso wie bei der Menschenwürde. Worum es geht, wird wohl am leichtesten verständlich am Beispiel der menschlichen Subjektivität. Menschen *sind* Subjekte, ganz gleichgültig, ob andere Menschen ihnen das zubilligen oder nicht. Sie sind es sogar dann, wenn es ihnen selbst nicht bewußt ist. Niemand kann einen Menschen, wie es oft heißt, »zum Objekt machen«, weder zum »Lustobjekt«, noch zum »Erziehungsobjekt«, noch zum »Unterstützungsobjekt«. Gemeint ist mit solchen ungenauen Formulierungen, daß Menschen so angesehen und behandelt werden, *als ob* sie Objekte wären. Und das ist schlimm genug. Es ist mindestens eine Respektlosigkeit, ein Angriff auf die Selbstachtung der Subjekte. Da der Mensch – von Natur aus und von Anfang an – nicht nur ein individuelles, sondern gleichzeitig und gleichermaßen auch ein soziales Wesen ist, können solche Angriffe die Subjekte zwar nicht tatsächlich besiegen, aber sie können sich auf ihr Selbstwertgefühl und Selbstbewußtsein so auswirken, *als ob* sie besiegt worden wären. Was Menschen von sich selbst denken, hängt in hohem Maße von ihrer Umgebung ab, von dem Feedback, das sie von anderen Menschen erhalten. Daß das weibliche Geschlecht so lange als minderwertig und dem männlichen nachgeordnet gelten konnte, lag nicht zuletzt daran, daß weibliche Menschen von Kindheit an lernten, sich auch selbst als minderwertig und zweitrangig anzusehen. – Analog gilt natürlich für das Klischee des »richtigen Mannes«: Solange männliche Menschen von Kindheit an lernten, daß sie in ihrer Umgebung – auch bei Müttern, Tanten, Schwestern übrigens – nur als »richtig« galten, wenn sie bestimmte Eigenschaften zeigten, andere aber nicht, solange war es kein Wunder, daß das Selbstwertgefühl und Selbstverständnis der Männer von diesen Eigenschaften abhing. Auf diese Weise »vererbt« sich die weibliche und die männliche *Identität* von Generation zu Generation, und wenn das weibliche oder männliche Individuum erst einmal wirklich *glaubt,* es müsse sich, um »richtig« und anerkannt zu sein, unterwürfig oder dominant zeigen, dann ist es schwierig, diesen Glauben wieder loszuwerden: Der Verzicht auf ihn würde mehr oder weniger als Selbstaufgabe empfunden.

Unbestreitbar lernen Männer ebenso wie Frauen *als Kinder,* was es (angeblich) heißt, in einer bestimmten Gesellschaft/ Gruppe/Familie Mann oder Frau zu sein. Noch unbestreitbarer aber lernen Menschen als Kinder, was es (angeblich) heißt, in einer bestimmten Gesellschaft/Gruppe/Familie *Kind* zu sein. Kind zu sein bedeutet vielerlei. Ein Teil dieser Bedeutung ist natur- oder kulturbedingt, also nicht ins Belieben einzelner Menschen gestellt; der andere Teil aber hängt von den Entscheidungen der Individuen ab, die mit dem Kind zusammen sind.

Begeben wir uns an dieser Stelle noch einmal auf die Ebene der Fähigkeiten. Der Haupteinwand, den wir gerade diskutieren, bezog sich ja auf den Unterschied der Fähigkeiten zwischen Erwachsenen und Kindern. Erwachsene haben ungleich mehr Fähigkeiten als Kinder. Das ist unbestreitbar. Und tatsächlich nutzen pro Jahr mehrere hundert Elternteile in Deutschland ihre überlegenen Fähigkeiten, um ihre Kinder zu töten, während es umgekehrt nicht funktioniert: Kleinkinder sind nicht in der Lage, erwachsenen Leuten den Hals umzudrehen.

Ebenso unbestreitbar ist jedoch, daß Erwachsene ihre überlegenen Fähigkeiten nicht unbedingt gegen die unterlegenen Kinder einsetzen müssen. Sie können sich entweder dafür entscheiden, ihre Kinder als macht- und rechtlos anzusehen, oder umgekehrt dafür, sich ihren Kindern unterzuordnen, oder drittens dafür (und das entspricht unserem Vorschlag), ihre Kinder und sich selbst prinzipiell als gleichberechtigt anzusehen. Kinder besitzen diese Fähigkeit über sehr viele Jahre lang eindeutig nicht, aber Erwachsene besitzen sie. Auf der Ebene der Fähigkeiten ist also der Unterschied zwischen Erwachsenen und Kindern für sich genommen kein Grund, die Kinder noch zusätzlich zu benachteiligen.

Sobald dies klargestellt ist, nehmen Gespräche nicht selten eine bemerkenswerte Wendung. Plötzlich erklären Eltern und beruflich mit Kindern beschäftigte Erwachsene, wir würden die Machtverhältnisse zwischen den Generationen nicht korrekt wiedergeben. Viele Kinder »tyrannisierten« ihre Umgebung; schon kleinste Babys könnten mit ihrem Geschrei die Eltern zur Verzweiflung bringen; oft seien Erwachsene den Launen trotziger Kinder hilflos ausgeliefert; in Amerika würden bewaffnete Schülerinnen und Schüler die Lehrerschaft in Angst und Schrecken versetzen; die Kinder würden immer egoistischer, rücksichtsloser, »herrschsüchtiger«, die Erwachsenen immer »verunsicherter« und letztendlich ohnmächtiger. Manchmal heißt es dann sogar noch, Leute wie wir seien für diese Entwicklung verantwortlich. Kinder bräuchten in Wirklichkeit nicht noch mehr Rechte, sondern endlich wieder mehr Autorität, Vorbilder, Grenzen, Orientierung, Werte und dergleichen. Solche Argumente gehen von einer bestimmten Voraussetzung aus, nämlich davon, daß zwischen den Generationen häufig ein Machtkampf herrscht. Zwar wird meistens bestritten, daß es die Erwachsenen sind, die diesen Machtkampf beginnen, aber das ist nebensächlich. Entscheidend ist, daß den Kindern nunmehr eine Fülle von Fähigkeiten zugesprochen werden. Hieß es zuvor (bei dem zitierten Haupteinwand), die »Beziehungsform Gleichberechtigung« sei unangemessen wegen der mangelnden Fähigkeiten der Kinder, so wird sie jetzt aus dem entgegengesetzten Grunde abgelehnt.

Beide Begründungen sind gut zu verstehen, führen aber offensichtlich nicht weiter. Auf der Suche nach Gründen, die für die siebente Beziehungsform sprechen, kann auf die geschilderten Beobachtungen hin eingeräumt werden, daß das Prinzip Gleichberechtigung keineswegs einseitig zugunsten der Kinder wirkt, es heißt ja: »Gleiches Recht für alle!« Auf dieses Prinzip können sich durchaus auch die Erwachsenen berufen, sofern die Kinder in bestimmten Situationen »am längeren Hebel sitzen«.

Interessanterweise führt dieser Punkt fast regelmäßig dazu, daß das Gespräch erneut »kippt«. Manchmal wird es »unfair« genannt, manchmal »Manipulation«, jedenfalls erscheint es vielen Erwachsenen irgendwie als ehrenrührig, das Gleichberechtigungsprinzip »zu Hilfe zu holen«, um Situationen zu bestehen, in denen sie gerade noch erklärtermaßen als die relativ Schwächeren dastanden. Wir schließen daraus, daß derlei Diskussionen gewöhnlich als Auseinandersetzung um mehr oder weniger Macht für diese oder jene Partei ablaufen, also den Regeln des Machtdenkens entsprechen. Man kann noch so sehr den Unterschied, ja Gegensatz zwischen den Kategorien *Macht* und *Recht* betonen: Sobald man »Kinder« und »Rechte« in einem Atemzug nennt, wird einem automatisch unterstellt, man wolle den Erwachsenen etwas nehmen. Obwohl es um *Qualitäten* geht, wird reagiert, als ginge es um *Quantitäten*. Kinder werden als Wesen gedacht, die unausweichlich entweder gehorchen oder befehlen. Zusammenarbeit, Dialog, Gegenseitigkeit, Gleichgewicht und dergleichen scheinen gar nicht in Frage zu kommen. Wenn von Kindern die Rede ist, geht es um Sieg oder Untergang, »sie« oder »wir«, Übermacht oder Ohnmacht. Nur wenn das Bewußtsein sehr deutlich darauf gelenkt wird, was Gleichberechtigung eigentlich bedeutet, hat das rechtliche Denken eine Chance, kurzzeitig neben dem Machtdenken geduldet zu werden.

Es ist aber erforderlich, das Machtdenken vollständig außer Kraft zu setzen, um sehen zu können, daß es bei der Beziehungsform Gleichberechtigung nicht um einen Verlust der Erwachsenen zugunsten der Kinder geht. Auf der Ebene der Macht (am deutlichsten: des Geldes) ist es möglich, einen bestimmten Betrag einer Person wegzunehmen und einer anderen Person zu geben. Entsprechendes kann mit bedingten Rechten geschehen: Erst hat eine Person ein bestimmtes Recht, danach hat es die andere; zum Beispiel das Recht, in diesem oder jenem Bereich Entscheidungen zu treffen. Solcher Art sind die Rechte, von denen es sinnvoll ist zu diskutieren, wie sie etwa zwischen Mann und Frau oder zwischen Eltern und Kindern »aufgeteilt« werden sollten.

Eine zweite, gleich wichtige Frage ist, *wer* diese Rechte zwischen den Menschen aufteilt. Welche Person oder welche Instanz soll das Recht und die Macht haben, dieses oder jenes Recht diesem oder jenem Menschen zuzuteilen und darüber hinaus zu kontrollieren, daß die Menschen sich entsprechend dieser Zuteilungen verhalten? Anders gefragt: Wer bestimmt die Regeln, nach denen Mann und Frau oder Eltern und Kinder »ihre Rolle spielen« sollen?

Menschen, die in der »Beziehungsform Sozialisation« aufgewachsen sind, haben sich daran gewöhnt (gewöhnen müssen), daß diese Fragen – wie die allermeisten Fragen – von »oben« beantwortet werden. Von oben wurde dieses »erlaubt« und jenes »verboten«, dieses »belohnt« und jenes »bestraft«. Sogar allgemeine Übereinkünfte, denen wir uns sofort freiwillig angeschlossen hätten, wenn wir nur gefragt worden wären, sind uns womöglich von oben aufgezwungen worden. (Dieses »gehört sich so« und jenes »tut man nicht«.) Kein Wunder, daß wir vermutlich alle in Gedanken erst einmal nach oben schielen, wenn wir uns mit Fragen des Rechts, der Macht, der Regeln und ihrer Durchsetzung befassen.

Hinzu kommt, daß dieses »oben« nicht nur für Fremdherrschaft und Unterwerfung, also Obrigkeits- und Machtdenken steht, so daß wir es in Bausch und Bogen ablehnen könnten,

sondern auch für demokratische Friedensregeln und Freiheits-
rechte, also Gesetzestexte und Verfassungsbestimmungen, auf
die wir uns in diesem Buch auch selbst berufen. Schließlich:
Indem wir die Gleichberechtigung der Generationen häufig zur
Gleichberechtigung der Geschlechter in Beziehung setzen und
die letztere ja bereits »oben« grundsätzlich festgeschrieben ist,
nähren wir selbst den Verdacht, Vergleichbares sollte auch für
erstere erreicht werden. Gegen diesen Verdacht heißt es dann
oft, der Staat dürfe nicht »in die Familie hineinregieren«, und
regelmäßig werden »Kinderrechte« und »Elternrechte« als
Gegensatz gesehen, als Quantitäten, die von oben, jedenfalls
von außen, anders verteilt werden sollten als bisher.
Auf der Ebene der Menschenrechte geht es, wie gesagt, nicht
um Quantitäten und Verteilungsfragen. Es geht auch nicht um
Setzungen (»Gesetze«) von oben oder außen. Der einzige
»Ort«, an dem die Wahl zwischen den verschiedenen Bezie-
hungsformen getroffen werden kann, ist der Kopf, das Gehirn
des einzelnen Menschen, der die verschiedenen Alternativen prüft.
Bei der Formulierung »Gleichberechtigung im Kinderzimmer«
meinen wir mit »Kinderzimmer« die Gehirn»abteilung«, die
für diese Prüfung und Entscheidung zuständig ist. Wenn es
dort wirklichkeitsgerecht zugehen soll, dürfen Kinder weder
über- noch unterschätzt werden. Sie müssen möglichst vorur-
teilsfrei wahrgenommen werden als das, was sie sind, nicht als
etwas, das Erwachsene aus Tradition oder Wunschdenken in
ihnen sehen (möchten). Denn jede Täuschung, der sie sich hingeben, programmiert eine Enttäuschung, die das Risiko bein-
haltet, nicht zu Einsicht und Selbstkorrektur zu führen, sondern den Kindern angelastet zu werden. Und spätestens dann
ist bekanntlich der Friede zwischen den Generationen dahin.

Wir können uns nun, am Schluß dieses Kapitels, einer Zwi-
schenbilanz annähern. In der »Beziehungsform Sozialisation«
werden Kinder so behandelt, als ob sie nicht Subjekte sondern

Objekte wären. In der »Beziehungsform Unterstützung« werden Kinder so behandelt, als ob sie unfehlbar wären und die Erwachsenen ihnen zu dienen hätten. Man könnte sogar sagen, daß nicht nur bei der fünften, sondern auch bei der sechsten Beziehungsform Kinder als Objekte wahrgenommen werden, nämlich als Unterstützungsobjekte. Jedenfalls legen beide Formen das Schwergewicht auf Eigenschaften und Kriterien, nach denen sich Kinder und Erwachsene deutlich unterscheiden. Es wird vorausgesetzt und hingenommen, daß die Ungleichheiten zwischen Erwachsenen und Kindern die Grundlage und der Wesenskern ihrer Beziehungen seien. Dadurch wird den tatsächlichen Unterschieden noch eine künstliche Unterscheidung hinzugefügt, die weitreichende Folgen hat: etwa die Bildung von »Parteien«, das Denken in Machtkategorien, Konkurrenzgefühle, vielerlei Kämpfe, Mißtrauen, Neid und vieles mehr.

Demgegenüber liegt bei der siebenten Beziehungsform das Hauptgewicht auf den *Gemeinsamkeiten* zwischen Erwachsenen und Kindern, ja zwischen allen Menschen. Die Unterschiede werden nicht geleugnet, aber es wird die Entscheidung getroffen, die gemeinsame Eigenschaft des Menschseins – mit Stärken und Schwächen, Fehlern, Irrtümern, Vorlieben, Launen, Ängsten und und und – als Grundlage und Wesenskern der Beziehung wichtiger zu nehmen als mehr äußerliche Faktoren wie Alter, Erfahrung, Kraft und dergleichen. Diese Entscheidung kann nur von dem einzelnen Erwachsenen höchstpersönlich und freiwillig getroffen werden, wenn er dafür Gründe hat; wenn ihm beispielsweise einleuchtet, daß eine Beziehung von Mensch zu Mensch (»von gleich zu gleich«) tiefer, dauerhafter, angenehmer und fruchtbarer ist (und interessanter, flexibler, entspannter, lustiger und vieles mehr), als eine Subjekt-Objekt-Beziehung je sein kann.

Wir nähern uns dem Ende dieses Kapitels, noch lange nicht dem Ende dieses Buches. Uns ist klar, daß wir noch viele Einwände und Bedenken aufgreifen und manche »losen Fäden«

verknüpfen müssen, damit die siebente Beziehungsform für Menschen, die sie noch nicht erfahren haben, so attraktiv werden kann, wie sie für die Menschen, die schon lange in ihr leben, tatsächlich ist. Wir möchten aber jetzt schon ein Beispiel geben für ihre praktische Bedeutung.

Nehmen wir einen »Standardfall«: die Mutter und den schreienden Säugling. Was passiert, wenn es einer Mutter trotz vieler Mühe nicht gelingt, einen weinenden oder schreienden Säugling zu beruhigen?

Wenn sie die fünfte Form der Eltern-Kind-Beziehung gewählt hat (die »Beziehungsform Sozialisation«), wird die Mutter sich Gedanken machen, wie sie dem Kind beibringen kann, daß es die Situation durch immer lauteres Schreien nicht verbessert. Sie tut ja ohnehin ihr Bestes! In Elternzeitschriften hat die Mutter gelesen, daß Kinder lernen können, ihr Schreien als Waffe zu gebrauchen, um ihren Willen durchzusetzen. Damit das nicht geschieht, soll sie das Schreien »ignorieren«. Also versucht das die Mutter – aber zugleich leidet sie an ihrer Unfähigkeit, das Kind zufriedenzustellen. Sie ist ja dafür verantwortlich, daß es ihrem Säugling gutgeht. Außerdem hält sie es für ihre Pflicht, das Kind »unter Kontrolle« und »im Griff« zu haben. Durch das Schreien wird ihr aber immer wieder deutlich, daß sie nicht die Macht hat, das Kind zur Ruhe zu bringen. Nicht lange, und die Mutter fühlt sich durch das Schreien ihres Kindes provoziert, herausgefordert, angegriffen, bloßgestellt, gequält und beleidigt. In solchen Situationen (so berichten sie selbst) versuchen Mütter dann buchstäblich »alles«, um das Schreien abzustellen, einschließlich »Anschreien, Durchschütteln, Klapsen«. Nicht wenige Mütter erklären, in dieser Situation »hätte ich nicht übel Lust, das Kind an die Wand zu klatschen«. Sie unterstellen dem Kind, es sei trotzig, bockig, boshaft, herrschsüchtig, tyrannisch; viele von ihren Eltern getötete Kinder sind der Panik zum Opfer gefallen, die auf diese Weise in den Köpfen ganz normaler und zweifelsfrei liebender Elternpersonen ausgebrochen ist. (Unsere Darstellung ist absichtlich nur eine klischeehafte Skizze; wir denken aber, daß sie ihren Zweck erfüllt.)

Wie entwickelt sich die gleiche Szene, wenn die Mutter die sechste Form der Eltern-Kind-Beziehung (die »Beziehungs-form Unterstützung«) gewählt hat? Auch hier fühlt sich die Mutter dafür verantwortlich, daß es ihrem Säugling gutgeht. Sie deutet das Schreien nicht als Machtdemonstration, aber als Klage und Anklage. Die Mutter will das Kind in seinen Bestre-bungen unterstützen, und je länger ihr das mißlingt, desto intensiver fühlt sie sich als Versagerin. Sie hält es auf keinen Fall für zulässig, das Schreien zu ignorieren, also setzt sie sich in vollem Maße dem »heulenden Elend« aus, läßt sich von dem Leiden des Kindes anstecken, zeigt starkes Mitleid, entschul-digt sich für ihre Unfähigkeit, gerät in immer größeren Streß und so weiter. Im Effekt tut sie dem Kind nichts sichtbar Böses, aber ihre eigene Unruhe, Unsicherheit, Verzweiflung trägt gewiß nicht zur Beruhigung des Kindes bei, kann durchaus sein Unglück noch steigern. Auf lange Sicht sind solche Situationen für die Mutter so qualvoll, daß sie dazu neigen wird, Wiederho-lungen möglichst radikal vermeiden zu wollen. Sie wird über-sensibel, versucht dem Kind seine Wünsche schon zu erfüllen, bevor sie überhaupt geäußert werden, bemüht sich, dem Kind alle möglichen Schwierigkeiten aus dem Weg zu räumen, ihm »Frustrationen« zu ersparen. Obwohl sie es ursprünglich nicht wollte, kann diese Mutter leicht zu einer »überfürsorglichen«, »überbeschützenden« Mutter werden, deren Kind tatsächlich lernt, immer höhere Ansprüche zu stellen, vielleicht sogar, der Mutter »auf der Nase herumzutanzen«. – Über kurz oder lang scheinen sich solche Elternpersonen dann leicht gezwungen zu fühlen, zumindest gelegentlich von der sechsten wieder in die fünfte Beziehungsform zurückzufallen (»Machtworte« zu sprechen, »Autorität« zu zeigen, vielleicht sogar – aus »Not-wehr« – gewalttätig zu werden).

Und nun zur siebenten Form der Eltern-Kind-Beziehung (der »Beziehungsform Gleichberechtigung«). Diese Mutter identifiziert sich nicht so direkt mit dem Befinden ihres Säuglings wie die beiden anderen. Sie sieht ihr Kind nicht als Objekt an, für dessen Zustand sie unmittelbar verantwortlich ist. Ihr ist klar, daß ihr Kind und sie zwei verschiedene Subjekte sind. Natürlich versucht diese Mutter genau wie die beiden vorigen, den Säugling zufriedenzustellen, aber wenn dies nicht gelingt, nimmt sie das ohne Aufregung zur Kenntnis. Sie ist sich ihrer begrenzten Macht ohnehin bewußt. Sie fühlt sich durch das Schreien des Säuglings weder provoziert noch angeklagt, sondern lediglich informiert. Das Schreien ist des Säuglings »Feedback« auf ihre Pflegehandlungen. Es informiert sie darüber, daß sie das Richtige noch nicht gefunden hat, daß das Kind weiterhin unzufrieden ist. Wenn der Mutter nichts mehr einfällt, was sie noch tun könnte, gerät sie weder in Wut noch in Streß, sondern sie akzeptiert die Information, daß sie ihr Kind doch nicht so gut kennt, wie sie dachte und wünscht. Also nutzt sie die Situation, um das Kind besser kennenzulernen. So kann sie auf das Schreien gelassen reagieren, zwar hilfsbereit, aber vor allem neugierig, interessiert. Da die normalen Pflegehandlungen nicht funktionieren, versucht sie allerlei Neues, Ungewohntes, vielleicht Verrücktes, Lustiges, aber nicht unter dem Druck, das Kind endlich ruhig zu kriegen, sondern in der Absicht, mehr von dem Kind zu erfahren, von ihm zu lernen, mit ihm zu erleben. Diese Mutter zweifelt keinen Augenblick an dem Recht ihres Kindes, seinen Gefühlen Ausdruck zu geben, und an ihrem eigenen Recht, keine »perfekte Mutter« (Bedürfnisbefriedigungszauberin) zu sein. Die innere Sicherheit und Ruhe, die diese Mutter im Bewußtsein ihrer begrenzten Fähigkeiten besitzt und ausstrahlt, steigert wenigstens nicht zusätzlich die Not ihres Kindes, eröffnet statt dessen neue Chancen, ihre Ursachen herauszufinden. Diese beiden Menschen geraten nicht in ein Gegeneinander, sondern wirken mit allen ihren

Möglichkeiten zusammen, um ein gemeinsames Problem möglichst schnell und gut zu lösen. Es liegt auf der Hand, daß so etwas nur in Subjekt-Subjekt-Beziehungen gelingt, die auch bewußt als solche gestaltet werden auf der Grundlage prinzipieller Gleichberechtigung, nämlich Gleichheit auf der Ebene der Menschenrechte, Menschenwürde, Subjektivität, und Ungleichheit auf der Ebene der Fähigkeiten. Die Ungleichheit führt also nicht zu Vorrechten der Mächtigen, sondern – im Falle von Verbundenheit und Wohlwollen – zu ihrer Verpflichtung im Interesse zugleich des individuellen wie des gemeinsamen Wohls, der Gleichheit aller in ihrer Fähigkeit zu leiden und ihrem Streben nach Glück.

Die Saat der Gewalt

»Erziehung« ist nicht nur ein Wort

Die Idee der Gleichberechtigung der Geschlechter ist eine künstliche Antwort auf eine natürliche Tatsache: die Tatsache des Unterschiedes der Geschlechter. Diese Antwort ist historisch relativ jung. Sie hat das Ziel, eine viel ältere Antwort zu korrigieren, nämlich das sogenannte Patriarchat, das im Laufe der Entwicklung von immer mehr Menschen, hauptsächlich Frauen, als unbefriedigend, weil ungerecht angesehen wurde. Die Idee der Gleichberechtigung der Generationen ist ebenfalls eine künstliche Antwort auf eine natürliche Tatsache: die Tatsache des Unterschiedes zwischen Erwachsenen und Kindern. Diese Antwort hat das Ziel, die bisher weithin übliche Antwort zu korrigieren, die sich im Laufe der Zeit immer deutlicher als unrealistisch, ungerecht und unverantwortlich herausgestellt hat. Der in bestimmten Fachkreisen vielzitierte Pädagoge Siegfried Bernfeld sprach in seinem 1925 erschienenen Buch »Sisyphos oder die Grenzen der Erziehung« von der »Entwicklungstatsache« (ausdrücklich als »Naturtatsache«) und nannte auch gleich die (bis heute weithin übliche) Antwort: »Kämen die Kinder als körperlich, geistig und sozial reife Individuen zur Welt, so gäbe es keine Erziehung.« Seine »allgemeine Formel der Erziehung« lautet: »Reaktion der Gesellschaft auf die Entwicklungstatsache.« Und auch »Erziehung« sei eine »Tatsache«; denn da es Kindheit und Entwicklung nun einmal gebe, sei auch, so Bernfeld, »Erziehung als unvermeidliche soziale Tatsache gegeben.« Auch moderne Pädagogen sind sich dieser Tatsache ganz sicher. So sagte beispielsweise Hartmut von Hentig 1985 in der *Zeit*: »Wir müssen einen Preis für die Kultur bezahlen. Der Preis heißt Erziehung.«

Nun zweifelt niemand an der »Entwicklungstatsache«. Es lohnt sich aber, die aus ihr angeblich notwendig (»unvermeidlich«) folgende Tatsache, den »Preis für die Kultur«, ein wenig näher zu betrachten.

Ursprünglich wollten wir dieses Kapitel »*Erziehung ist nur ein Wort*« nennen. Denn wir möchten bei dieser Frage eher abwiegeln, die Bedeutung dieses Themas wenn möglich »herunterspielen«. Allzu viele Diskussionen über »Erziehung« beginnen und enden als akademische Wortklaubereien, schon weil es praktisch unmöglich ist, sich auf eine halbwegs präzise Definition zu einigen. Es ist ähnlich wie bei Streitgesprächen zwischen Gläubigen verschiedener Religionen, die sich gegenseitig bekehren wollen. Der Name ihres Gottes, ihre gewohnten Rituale, alle ihre zentralen Glaubensinhalte sind keine Verstandesangelegenheiten, also objektiv überprüfbare »Wahrheiten«, sondern hauptsächlich subjektive Empfindungen, oft mit starken Gefühlen verbundene »Überzeugungen«. Viele intensiv religiöse Menschen glauben, daß es am besten wäre, wenn alle Menschen sich zu ihrer eigenen Religion bekehren ließen. Aus der Perspektive der einen Religion sind die anderen Menschen »Ungläubige« und »Heiden«. Lange Zeit galt es als ausgesprochen gutes Werk, diese Menschen zu »missionieren«, in ihrem eigenen Interesse und notfalls mit Feuer und Schwert. Religiöser »Fundamentalismus« und »Fanatismus« ist auch heute noch nicht ausgestorben, obwohl »aufgeklärte« Mitmenschen notgedrungen einsehen mußten, daß die Alternative zu ständigem Mord und Totschlag nur in der religiösen Toleranz bestehen kann.

Diskussionen über »Erziehung« werden ebenfalls oft eifernd und »missionarisch« geführt, obwohl ihre praktische Bedeutung gering ist. Im alltäglichen Umgang zwischen Erwachsenen und Kindern spielen so viele intime Faktoren eine Rolle, daß die üblichen großtönenden Absichtserklärungen, Forderungen und Ratschläge wenig bewirken können, zumal sie einander nicht selten radikal widersprechen. Für unser Buch entscheidend aber ist, daß solche Diskussionen, Empfehlungen und so weiter bisher fast ausschließlich im Rahmen der »Beziehungsform Sozialisation« stattfinden, nur sehr vereinzelt auf der Grundlage der »Beziehungsform Unterstützung«, und praktisch noch nirgendwo im Sinne der »Beziehungsform Gleichberechtigung«. Es liegt auf der Hand, daß Siegfried Bernfelds Aussage, Erziehung sei eine unvermeidliche Tatsache, die »Beziehungsform Sozialisation« zur Voraussetzung hat, in der Kinder als Objekte wahrgenommen werden: Bernfeld nennt »die Erwachsenen« ausdrücklich »die Subjekte der Erziehung«, Kinder ihre »Objekte«; und über »die Möglichkeiten und Grenzen der Beeinflußbarkeit des Kindes« sagt er unverblümt: »Man darf sich hier fast optimistisch äußern, ist das Kind auch nicht beeindruckbar wie Wachs, so ist es dies noch eher als starr und spröde wie Metall.« In der »Beziehungsform Sozialisation« gelten Kinder logischerweise als Objekte, Werkstoffe, zu formendes Menschenmaterial, und es fällt gar nicht auf, daß diese Konsequenz aus der »Entwicklungstatsache« keineswegs zwingend ist. Bernfeld sagt, daß es keine Erziehung gäbe, wenn die Kinder als körperlich, geistig und sozial reife Individuen zur Welt kämen. In Diktaturen gelten aber auch reife Individuen als Zöglinge, und bevor die Frauen als gleichberechtigt anerkannt waren, nützte ihnen ihre Reife nichts: Männer hatten das Recht und die Pflicht, sie zu erziehen. Noch heute verschleiert der Begriff »Erziehung« in vielen Fällen erfolgreich, um was es in Wirklichkeit geht, nämlich um Macht, Herrschaft, Unterwerfung, Gehorsam.

Was Kinder betrifft, so lautet die offizielle Antwort auf die »Entwicklungstatsache« noch immer »Erziehung«, und diese Antwort wird gern als »unvermeidliche Tatsache« ausgegeben, um es als gerechtfertigt erscheinen zu lassen, daß Kinder entwickelt, geformt, gefördert, diszipliniert, angepaßt *werden*, also im *Objektstatus* leben – was selbstverständlich keine Tatsache ist, aber eine vielen Erwachsenen offenbar angenehme Einbildung. Außerhalb der magisch-wahnhaften Erziehungsideologie bedeutet die »Entwicklungstatsache« ganz schlicht, daß Kinder – als Subjekte in Gemeinschaft mit anderen Subjekten – *sich* entwickeln, daß sie wachsen, reifen, lernen. In Wirklichkeit sind Kinder weder mit Wachs noch mit Metall vergleichbar, weil sie lebendige Organismen sind, mit einem inneren, aktiven, individuellen und subjektiven Steuerungszentrum, dem Zentralnervensystem, ihrem Gehirn, ihrem »eigenen Kopf«. Kinder sind – jederzeit nachprüfbar – kein passives Material, keine Maschinen, die mit Brennstoffen versorgt und im übrigen gewartet, gepflegt, gelenkt, vollgefüllt (»beeinflußt«) werden müßten, sondern sie sind Lebewesen in ständigem aktiven Austausch mit ihrer Umgebung. Schon der Säugling saugt aktiv an Brust und Flasche; Erwachsene aber sagen, er »wird gestillt«.

Viele sprachliche Traditionen verraten nicht nur, daß sie in Zeiten der Männerherrschaft entstanden, sondern auch, daß Kinder nicht als Subjekte wahrgenommen werden. In aller Selbstverständlichkeit behaupten auch heute noch viele ganz normale Leute, sie würden Kinder »aufziehen« oder »großziehen«, obwohl die Kinder von sich aus wachsen und wohl nur wenige Eltern im Ernst versuchen, die kleinen Körper in die Länge zu ziehen. Zum Ausgleich behaupten dieselben Leute vielleicht bei anderer Gelegenheit, ein Kind würde sie mit seinem Benehmen »noch ins Grab bringen« oder mindestens »in den Wahnsinn treiben«; das heißt, wenn Kinder als Subjekte anerkannt werden, dann als angeblich mörderische und jedenfalls boshafte, störende. Das ist natürlich alles »nicht so gemeint«, wir wissen das, aber andererseits ist diese Sprache auch kein purer Zufall. Solche Sprachgebräuche haben mit Denkgebräuchen zu tun, und die wiederum mit einer Tradition, die noch weit hinter die »Beziehungsform Sozialisation« zurückreicht – in Zeiten, in denen Kinder so wenig als Menschen galten, daß ihre (nachgeburtliche) Tötung nicht einmal von der Kirche mißbilligt wurde, geschweige denn gesetzlich verboten war. (Lloyd deMause nennt die erste Form der Eltern-Kind-Beziehung, von der Antike bis zum vierten Jahrhundert unserer Zeitrechnung, schlicht »Kindesmord«.)

Nicht nur Kinder haben manches zu erleiden, von dem es später heißt, es sei »nicht so gemeint« gewesen. Mit voller Absicht dagegen versuchen bestimmte Machtmenschen, Kinder in der Objektrolle festzuhalten. Wir möchten nicht darüber spekulieren, warum sie das tun, aber wir müssen aufzeigen, daß interessierte Kreise – beruflich, als Theoretiker oder auch Praktiker, mit der »Erziehung« von ihnen ausgelieferten jungen Menschen befaßte »Fachleute« – der Öffentlichkeit systematisch weismachen, das Bedürfnis und die Notwendigkeit zu *lernen* sei gleichzusetzen mit dem Bedürfnis und der Notwendigkeit, *erzogen zu werden*. Die Rede von der »Erziehungsbedürftigkeit« des (jungen) Menschen hält sich noch hartnäckiger als die Behauptung von Männern, Frauen hätten »es manchmal nötig« und wollten es im Grunde auch, »mal richtig hergenommen zu werden« und »es besorgt zu bekommen«, auch wenn sie nein sagen, sich »zieren«, »Zicken machen« und dergleichen. Bei Kindern heißt der Widerstand »Trotz«, und er wird ihnen entweder gewaltsam »ausgetrieben«, oder sie werden listig »abgelenkt«. Für Machtmenschen ist es extrem schwer zu ertragen, wenn nicht geschieht, was sie sich in den Kopf gesetzt haben. Um aber nicht als Despoten und Ausbeuter dazustehen, brauchen sie Rechtfertigungen für ihre Machtgelüste. Für diejenigen, die sich bevorzugt an Kindern vergreifen, spielt dabei der Begriff »Erziehung« eine Schlüsselrolle. Mit seiner Hilfe können sie ihre an sich krankhaften Begierden ausleben und obendrein als seriöse Dienstleistungen verkaufen, solange es ihnen gelingt, aus der »Entwicklungstatsache« die »Erziehungsbedürftigkeit« abzuleiten.

In der entsprechenden Fachliteratur geschieht das dadurch, daß das Lernen der Kinder als Folge der Erziehungsmaßnahmen der Erwachsenen dargestellt wird. Was unter Erwachsenen zweifelsfrei als Vergewaltigung, Erpressung, Folter oder auch Gehirnwäsche gelten würde, kann gegenüber Kindern unter dem Deckmantel des Begriffs »Erziehung« als Wohltat ausgegeben werden. Über Jahrhunderte ist es den Machtmenschen gelungen, die absurdesten Verhaltensweisen und Maßnahmen unter ganz normalen Eltern zu verbreiten, indem sie den hochabstrakten Begriff »Erziehung« als Symbol für alles etablierten, was »für Kinder gut« ist. Alles, was »der Erziehung dient«, gilt definitionsgemäß nicht als selbstsüchtig, egoistisch, womöglich kinderfeindlich, sondern als fremdnützig, notwendig, oft sogar als schwere Last und moralische Pflicht. Wenn sich herausstellt, daß gerade die »wohlerzogensten« Menschen – wie etwa in Deutschland unter Hitler – zu den unglaublichsten Verbrechen fähig und bereit sind, wird dies nicht der Erziehung als solcher angelastet, also der Tatsache, daß Erwachsene sich zu »Erziehern« aufwerten und Kinder zu »Zöglingen« degradieren, sondern die Ursache wird in »falscher« Erziehung gesehen, beispielsweise in der »autoritären« Erziehung, so daß dann als Abhilfe logischerweise eine »antiautoritäre« Erziehung propagiert wird. Auch die Rede von verschiedenen »Erziehungszielen«, »Erziehungsstilen« und dergleichen bis hin zur »Erziehung ohne Angst« und zur »gewaltfreien Erziehung« läßt das Wesentliche unangetastet: die Teilung der Menschen in zwei Klassen, in Subjekte und Objekte, in Aktive und Passive, in Menschen, die ziehen, und solche, die gezogen werden, in Gebende und Empfangende, in Lehrende und Lernende, in Führende und Folgende, kurz gesagt in Mächtige und Ohnmächtige.

Bevor wir die besondere Magie des Wortes »Erziehung« näher untersuchen und auf ihre Folgen zu sprechen kommen, müssen wir darauf hinweisen, daß es selbstverständlich (wie immer bei hochabstrakten Sprachsymbolen) auch einen neutralen, gewissermaßen »unschuldigen« Erziehungsbegriff gibt. (Anschließend werden wir diese Aussage allerdings wieder in Frage stellen.) Formulierungen wie »Erziehungsgeld«, »Erziehungsurlaub«, »alleinerziehende« Elternteile und rentenwirksame »Kindererziehungszeiten« bedeuten sicher zunächst einmal nichts anderes, als daß hier Erwachsene mit Kindern zu tun haben, sie versorgen, sich um sie kümmern, Zeit und Geld für sie aufwenden. Was da genau geschieht, ob es den Beteiligten Spaß macht, ob es nützlich oder vielleicht eher schädlich ist für »Entwicklung« und »Kultur«, welche Beziehungsform dort gelebt wird und vieles andere bleibt vollständig offen.

Außer diesem »neutralen« Erziehungsbegriff, der immerhin noch tatsächliche Vorgänge beschreibt, gibt es eine Verwendung des Wortes »Erziehung« mit rein ideologischer (wahnhafter) Funktion. Wenn in den Medien, auf Kongressen, in politischen Zirkeln, Elterngruppen und dergleichen über »Erziehung« diskutiert wird, fallen oft Stichwörter wie »Vorbild«, »Wertevermittlung«, »erzieherische Verantwortung« oder auch »Erziehungsfehler«, »Erziehungsverzicht«, »Erziehungserfolge« und viele andere, die bei nüchterner Nachprüfung den gleichen Realitätsgehalt haben wie – nur als unverfängliches Beispiel – die griechischen Göttersagen. Über Vorgänge im Olymp läßt sich allerlei behaupten, was für Gläubige von höchster Bedeutung sein mag; für Un- oder Andersgläubige hat es nicht mehr Realität als jede andere Einbildung/Wahnidee auch. Die größte Begeisterung unter Erziehungsgläubigen löst es regelmäßig aus, wenn sie sich darauf einigen, daß Kinder »zu« x, y, z »erzogen werden müssen«. Alle Aussagen, die mit »Erziehung zu (zur, zum)« beginnen, erscheinen zwar Erziehungsgläubigen als Problemlösung, sind aber nüchtern betrachtet nur die berühmten guten Vorsätze, also ungedeckte Schecks. Wer sagt, daß er Kinder »zum Frieden«, »zur Selbständigkeit«, »zur Höflichkeit« oder ähnlichem erzieht, sagt in Wirklichkeit nur, daß er sie ... erziehen *will*. Er hat eine bestimmte Absicht, eine Ambition und Intention, aber was er tatsächlich tut, ist eine andere, und was tatsächlich geschieht, wieder eine andere Frage. Gedanken und Reden über »Erziehung« haben es an sich, daß sie sich in den Gehirnen Erwachsener bilden und dabei zusätzlich eine Verfügbarkeit der Kinder/ Objekte einbilden, die reines Wunschdenken darstellt, also illusionär ist.

Worauf es uns hier ankommt, ist die Unterscheidung zwischen einem naiv-illusionären und einem raffiniert-verharmlosenden Erziehungsbegriff. Aussagen wie: »Wir wollen unsere Kinder zu gesunden, ehrlichen, glücklichen, sozialen, erfolgreichen, mildtätigen, friedfertigen, leistungsfähigen… Menschen erziehen«, möchten wir keineswegs als Ausflüsse des Machtdenkens bezeichnen. In diesem Zusammenhang ist das Wort »Erziehung« für sich genommen ebenso neutral wie bei »Erziehungsurlaub«. Wenn allerdings der Gesetzgeber, Staatsanwälte und Jugendrichter sagen, das Einsperren von Jugendlichen in Gefängnissen sei nicht als »Strafe« gemeint, sondern diene ihrer »Erziehung«, kann jeder vernunftbegabte Mensch erkennen, daß der Erziehungsbegriff dabei eine ganz andere Funktion erfüllt: Er soll sinnlose Gewalt rechtfertigen und zugleich verschleiern. Durch den rein verbalen Trick »Erziehung statt Strafe« ist es bisher obendrein gelungen, in der Öffentlichkeit den Eindruck zu erwecken, die jungen Leute seien selbst schuld, wenn sie nach der Haft krimineller sind als vorher. – Der gleiche Trick wird übrigens auch gegenüber erwachsenen Straftätern gebraucht; dort heißt Erziehung »Resozialisierung«. Das längst erwiesene Versagen des üblichen Schuldstrafrechts bei der Bekämpfung und Verhinderung von Kriminalität wird nicht eingestanden, sondern zum Schaden der gesamten Gesellschaft weiterhin verschleiert, nicht zuletzt mit Hilfe des magischen Wortes »Erziehung«.

Das gleiche gilt für die amtliche und juristische Rechtfertigung des elterlichen Züchtigungsrechtes, die sagt, daß Gewaltakte, die unter Erwachsenen »Körperverletzung« heißen und gesetzlich verboten sind, gegenüber Kindern zulässig sind – und auch deren Würde nicht verletzen –, wenn sie »im Rahmen des durch den Erziehungszweck gebotenen Maßes« bleiben, das heißt also, wenn nicht länger geschlagen, eingesperrt usw. wird, als bis die Kinder gehorchen. Diese tatsächlich *gewaltverherrlichende* Verwendung des Begriffs »Erziehung« – die zitierte regierungsamtliche Standardformulierung erklärt Gewalt gegen Kinder zum Zwecke der Erziehung ausdrücklich als »geboten« – ist offensichtlich nicht neutral und unschuldig und auch nicht naiv wie der Wunsch Erwachsener, ihren Kindern »eine gute Erziehung« angedeihen zu lassen.

Vor diesem Hintergrund finden wir es nicht erstaunlich, daß mehr als die Hälfte der Eltern in Deutschland »Gewalt in der Erziehung« für notwendig und richtig hält. Zur Begründung wird so gut wie niemals angegeben, daß es den Eltern Freude macht oder Lust bereitet, Kinder zu unterwerfen, zu quälen, zu verprügeln. Wenn Erziehungsberechtigte einem Kind Gewalt antun, sagen sie oft, das Kind sei »bockig« gewesen, »ungehorsam«, »uneinsichtig«; »das Kind *muß* doch lernen, daß...« – und dafür, daß es das lernt, tragen schließlich die Eltern die Verantwortung, denn sie sind die Erziehenden, und wenn die Kinder nicht »im Guten« gehorchen, »dann setzt es was«. Experten gehen davon aus (so ein Dossier in der *Zeit* vom 10. 12. 1993), »daß in Deutschland jedes Jahr bis zu tausend Kinder von ihren Eltern totgeschlagen werden«. Man könnte auch sagen: toterzogen. Aber das sagt man nicht, denn »Erziehung« soll unter allen Umständen ein positiv besetzter Begriff bleiben. So spricht im genannten Dossier ein Soziologe von »vielen überforderten Eltern, die in einer Kurzschlußreaktion das eigene Kind angreifen. Immer weniger können ihre Kinder erziehen.«

Ein Kind anzugreifen ist nicht gut – besonders wenn es diesen Angriff nicht überlebt. Ein Kind zu erziehen ist gut – sogar dann, wenn es diese Erziehung nicht überlebt. Oft wird dann »Erziehung« in Anführungszeichen gesetzt, um klarzulegen, daß das selbstverständlich keine *richtige* Erziehung gewesen sei. »Richtige« Erziehung bedeute, ein Kind zu etwas zu bringen, was es nicht will, aber auf eine Weise, die es entweder nicht bemerkt oder aber sich trotzdem gefallen läßt – sei es aufgrund von Bestechung (Lob, Belohnung), sei es aufgrund von Erpressung (Angst vor Tadel, Strafe, Einsamkeit, Tod). Die zitierte »Kurzschlußreaktion« der »vielen überforderten Eltern« läßt sich auch ganz anders auffassen – nicht als Kurzschluß, sondern als logischer Schluß: Wenn die Verführung nicht klappt, ist die Vergewaltigung nötig. (Erziehungstheoretiker nennen Verführung lieber »Motivation« und Vergewaltigung »Konsequenz«.) Kein Wunder, daß Eltern »überfordert« sind. Kinder werden ihnen als Objekte dargestellt (Erziehungsobjekte); sobald dann Kinder ihre Subjektivität ins Spiel bringen und nicht »gehorchen«, nicht »hören«, müssen sie eben »fühlen«. Und wenn sie bei Klapsen und Ohrfeigen nicht genug fühlen (nicht genug, um sich zu verhalten, als ob sie Objekte wären), müssen die Eltern immer stärkere Geschütze auffahren, um die Kinder zur Kapitulation zu zwingen. Die Brutalitäten, die dann manchmal in der Zeitung stehen und zu Gerichtsverhandlungen gegen die Eltern führen, lassen sich einerseits als Zeichen elterlicher »Hilflosigkeit«, sogar »Ohnmacht« oder eben »Überforderung« deuten: Wenn Eltern ihre Kinder regelmäßig zusammenschlagen, sprechen Erziehungsexperten ungerührt von »ohnmächtiger Gewalt«; die Macht (»Erziehungskraft«) der Eltern soll sich idealerweise darin zeigen, daß sie ihre Kinder zur freiwilligen Kapitulation bringen, was bei genügend Geduld und »psychologischer Kriegsführung« angesichts der realen Übermacht der Eltern und der Intelligenz der Kinder meist auch klappt. Andererseits jedoch, wenn die Eltern nicht geduldig und raffiniert, die Kinder nicht ängstlich und nachgiebig genug sind, lassen sich die Gewaltorgien gegen Kinder ebenso als Machtdemonstrationen deuten, die den Zweck haben, sich selbst, dem Kind und womöglich den Nachbarn doch noch zu beweisen, daß man die Kinder im Griff hat, daß man sich gegen sie durchsetzen kann, daß man »erziehungsfähig« ist. Wären (erzogene) Menschen in der Lage, über diese Frage nüchtern nachzudenken, würde ihnen unmittelbar deutlich, daß jedes toterzogene Kind nur ein weiteres Opfer auf dem Altar einer heiligen Kuh namens Erziehung ist. Sie würden es als Perversion des Denkens erkennen, wenn Machtmenschen (Erziehungsexperten) nichts anderes einfällt, als ausgerechnet die Gewalt gegen schwächliche Kinder durch kräftige Eltern auf »Hilflosigkeit« oder »Überforderung« zurückzuführen, also die Opfer schuldig zu sprechen und den Tätern »Ohnmacht« zu attestieren.

»Erziehung« ist nur ein Wort. Aber dieses Wort erfüllt eine ganz bestimmte Funktion: Dieses Wort rechtfertigt Gewalt. Mit seiner Hilfe wird Gewalt gegen Kinder offiziell für »geboten« erklärt. Als der Begriff »elterliche Gewalt« aus den Gesetzen entfernt werden sollte, forderte der Rat der evangelischen Kirche in seiner amtlichen Stellungnahme (1977), daß dies nicht dazu führen dürfe, Gewalt gegen Kinder tatsächlich für unzulässig zu erklären, weil sonst »Erziehung« unmöglich gemacht würde. Und das ist logisch. »Gewaltfreie Erziehung« ist wie kaltes Feuer, trockenes Wasser, geräuschloser Lärm, wohlriechender Gestank, lebendiger Tod.

Trotzdem kann Erziehung auch Spaß machen und lustvoll erlebt werden, von beiden Parteien. Schlagende Beweise dafür finden sich etwa in der Zeitschrift *freies forum für erziehungsfragen*. Hier einige der zahlreichen Wortanzeigen aus Heft 238 (24. Jahrgang 1990):

Tausche und verkaufe Erziehungs-Videos (VHS) mit männlichen Zöglingen. Angebote von Erziehungs-Videos mit weiblichen Zöglingen zwecklos. Chiffre…

Hiebe und – Liebe! Erziehe einfühlsam und konsequent jeden Lausebengel! Köln: Tel.…

Düsseldorf: Kultivierter Mann (37) sucht Gelegenheit, Videos, ausschließlich Mädchenerziehung, anzusehen. Gedanken- und Erfahrungsaustausch. Chiffre...

NRW: Junger Mann (36) sucht Erzieher (Erzieherin), der ihm den nackten Hintern streng versohlt. Diskretion. Chiffre...

Erzieher, mit komplett eingerichtetem Erziehungsraum, erteilt solventen Damen, Herren und Paaren einfühlsame Erziehungshilfe. Wochenend- und Langzeitbehandlung möglich. Telefon...

PLZ 6: Niveauvoller Zögling sucht auf Veranlassung seiner Herrin – Domina – Zuchtmeister – Erziehungspaar, die ihn auch in Anwesenheit seiner Herrin streng züchtigen, verbal abrichten, beschämen, demütigen. Totale Nackthaltung auch vor Gästen. Finanzinteressenlos. Chiffre...

Raum Dortmund: Wir züchtigen jungen Mann (auch gegenseitige Erziehungsspiele). Alle Zuschriften werden beantwortet. Chiffre...

Erzieher bietet jungem Boy strenge und einfühlsame Erziehung. Bildzuschriften erwünscht. Chiffre...

Er, 46 J., ruhig und verständnisvoll, möchte auf diesem Weg eine junge Frau kennenlernen. Sie sollte einen großen strammen Po haben und dem Rohrstock nicht ablehnend gegenüberstehen. Welches weibliche Wesen möchte sich gern auf dem nackten Po führen und leiten lassen. Bin kein Flagellant, sondern möchte liebevoll erziehen. Bei Zuneigung Heirat erwünscht. Bitte nur ehrliche und saubere Zuschriften. Chiffre...

Suche in Norddeutschland/DDR nettes weibliches Wesen, das bereit ist, gemeinsam mit meiner Frau den Po hinzuhalten. Erziehungsbeihilfe möglich. Chiffre...

Junge, sehr hübsche, aber freche und unfolgsame Göre braucht Rohrstock oder Reitgerte. Postlagerkarte...

Freudenstadt, Rottweil, Villingen: Älterer Herr, ehem. Lehrer, gut situiert, verh., rohrstockbewandert, möchte zum Streicheln und Strafen anpassungswillige, diskrete Frau für Tagestreffs kennenlernen. Chiffre...

Erfahrener väterlicher Erzieher (50) erteilt lernfauler Studentin strengen Nachhilfeunterricht. Erziehungsgeld und Diskretion geboten. Postfach...

Erzieher, einfühlsam und erfahren, macht Rohrstockträume ungezogener Mädchen und Frauen wahr. Wenn Du das erregende Gefühl banger Erwartung einer Rohrstockzüchtigung liebst, solltest Du schreiben, nur Mut. Chiffre...

Sklavin gesucht, die sich in unserem Erziehungsraum gemeinsam mit vorhandenem Ehesklaven meinem Befehl unterordnet. Dauerbeziehung mit aidssicheren Praktiken ohne finanzielle Interessen angestrebt. Chiffre...

Zögling, 32 Jahre, ledig, schlank, selbständig, ambivalent, maso veranlagt, extrem belastbar, benötigt regelmäßig harte Rohrstock-Züchtigungen auf seinen zierlichen Po. Erzieherin (-Paar), die gnadenlos abstraft, gesucht. Keine finanziellen Interessen. Chiffre...

Erziehungsbedürftiger junger Mann sucht Erzieherin, die mit der Hand, Riemen und Rohrstock auf den nackten Hintern erzieht und bestraft. Bin Anfänger. Herren zwecklos. Chiffre...

Wer hat Erfahrung und kann mich beraten über die Züchtigung von Mädchen mit Ohrfeigen? Wie oft sollte man auf die Wange schlagen? Wie kräftig? Mit der ganzen Handfläche? Auf beide Wangen? Auch Erfahrungsaustausch über Züchtigungen auf den nackten Po angenehm. Chiffre...

Suche gut situierten, strengen Erzieher alter Schule für meine ungehorsame Ehesklavin (32), die in meinem Beisein erzogen werden sollte. Kontakt unter ... Rückporto und Erziehungsgeld erbeten. Zuschauer angenehm.

Echt veranlagter Masochist, 29/170, ledig, mobil, Betriebswirt, sucht Erzieherin, Erzieher, SM-Paar, SM-Kreis, die mir ab und zu streng (fest) den Po mit Birkenruten oder Reitpeitsche striemen. Chiffre...

›Kreis der Erziehungsphilosophen‹ sucht noch realitätsbewußte Teilnehmer. Gedanken und Gespräche. Chiffre...

Aktive Flagellantin, mit Ehepartner, sucht Dauerfreundschaft zu erziehungsbedürftiger Dame (Paar), sowie Erzieherin. Chiffre...

Raum 8 – überall. Erfahrener Erzieher (49) sucht junge Zöglinge (Azubis, Studenten, oder ehemalige Heimboys) zum Aufbau eines privaten Erziehungskreises. Zuschriften mit Bild und Wunschvorstellungen an Chiffre...

Unterstütze alleinerziehende Mütter von Mädchen in jeder Weise. Chiffre...

Das uns vorliegende Exemplar der Zeitschrift *freies forum für erziehungsfragen* enthält noch über hundert weitere Wortanzeigen dieser Art. In ihnen wird das Wort »Erziehung« ehrlich gebraucht, bei aller »Diskretion« wird nichts verschleiert, und es wird nicht mehr versprochen als gehalten werden kann. Nicht einmal der »kultivierte« Mann aus Düsseldorf behauptet, etwas für die Kultur tun zu wollen. Alle diese Leute suchen und bieten Lust, die intensivste und befriedigendste Lust, die sie kennengelernt haben, die Lust der Erziehung, die Lust der Gewalt und des Schmerzes. Das Motto »Liebe und – Hiebe!« drückt treffend aus, daß im Erleben dieser Menschen Schmerz und Lust, Macht/Gewalt und Liebe zusammengehören, miteinander verschmolzen sind. Einst von Eltern und Erziehern »aus Liebe« geschlagen, gedemütigt, zu Objekten degradiert, haben sie sich diese Art Liebe zu eigen gemacht im Geben und Nehmen. Schon Sigmund Freud schrieb:

»Es ist leicht zu beobachten, daß auf jedem Gebiet des seelischen Erlebens, nicht nur auf dem der Sexualität, ein passiv empfangener Eindruck beim Kind die Tendenz zu einer aktiven Reaktion hervorruft. Es versucht, das selbst zu machen, was vorhin an oder mit ihm gemacht worden ist. Es ist um die Wiederholung solcher Eindrücke bemüht, die es wegen ihres peinlichen Inhalts zu vermeiden Anlaß hätte.« (Gesammelte Werke XIV, S. 521).

In der S/M-Szene (also unter Menschen mit sadomasochistischer sexueller Orientierung) ist es allen Berichten zufolge bekannt und anerkannt, daß diese Art Lust dem Menschen nicht angeboren ist. S/M-Praktiker wissen, daß sie aus einer Not eine Tugend machen. Sie nehmen sich zwar das Recht, ihre Lust auszuleben, aber (die letzte zitierte Aussage bildet eine Ausnahme) sie tun dies nur mit Gleichgesinnten und auf der Basis strikter Gleichberechtigung. Missionierungsversuche sind verpönt. Der »dominante« Partner wird nur auf Wunsch des »devoten« Partners aktiv und respektiert die von diesem gesetzten Grenzen. Gewerbliche »Dominas« wenden nur Gewalt an (körperliche und auch seelische), nachdem sie von ihren Kunden genau über deren Bedürfnisse instruiert wurden. Nach den S/M-Spielregeln üben also beide Parteien, auf verschiedenen Ebenen, Macht aus und betrachten sich als prinzipiell gleichberechtigte Partner mit unterschiedlichen, sich ergänzenden Rollen wie Gast und Kellner/Koch. Die Grundbedingung dieses »Erziehungsspiels« ist die Freiwilligkeit der Beteiligten, sowohl der Erzieher als auch der Zöglinge. Kein S/M-Erzieher »macht« einen Partner zum Zögling, Sklaven, Masochisten, zwingt ihm etwas auf, will ihn verändern, verbessern, fördern, im engeren Sinn »erziehen«. Die S/M-Erziehung ist eine einvernehmliche Verabredung gleichberechtigter Partner. Es ist zwar Gewalt im Spiel, aber keine Vergewaltigung. S/M-Praktiker behaupten nicht, daß ihre Art der Liebe die einzig wahre, die für alle Menschen richtige sei. Sie zwingen diese Art der Liebe anderen Menschen nicht auf. Anderen Menschen etwas aufzuzwingen – sei es Liebe, seien es Schmerzen, sei es das ewige Seelenheil – gilt in diesen Kreisen als ebenso kriminell, wie es das laut Gesetz ist. Nicht nur die »ambivalenten« S/M-Praktiker (die einmal Schmerzen zufügen, ein andermal sie erleiden wollen), sondern auch die einseitig fixierten Sadisten und Masochisten sehen ihre Partner als Objekte (Lustobjekte) an, aber nicht »von oben nach unten«, sondern in bewußter Gegenseitigkeit. In der S/M-Szene sind »Erzieher« und »Zöglinge« heute schon gleichberechtigt.

Ganz anders ist es in der FH-Szene, deren Motto lautet:

LASS MICH LOS;
SAGST DU
UND MEINST:
HALT MICH FEST!

Dieses Zitat (in Originalwiedergabe) aus der *Holding Times –* *Zeitschrift der Gesellschaft zur Förderung des Festhaltens als Lebensform und Therapie e. V.* (Ausgabe Januar 1992) ist kein ignoranter Männerspruch, der sich an eine Frau richtet, sondern Grundlage einer »Revolution der Liebe«, die von Erwachsenen mit Kindern praktiziert wird. In der *Holding Times* gibt es keine Wortanzeigen, mit deren Hilfe willige Liebespartner gesucht werden, denn diese Zeitschrift wendet sich an Eltern, die geeignete Kinder »ihr eigen« nennen, und deren Willigkeit würde den Spaß eher verderben: Beim »Festhalten« wird die Liebe mit purer Körperkraft erzwungen, und der Reiz dieser S/M-Variante besteht gerade darin, den möglichst heftigen Widerstand der Kinder schließlich – nach oft stundenlangen Kämpfen – zu brechen. Deshalb werden in der *Holding Times* keine Lustobjekte gesucht, sondern möglichst viele Mittäter, denen »Selbsthilfegruppen für festhaltende Eltern«, »Initiativkreise« und »Ausbildungsgruppen« angeboten werden, sowie massenhaft Vorträge, Workshops und Seminare von Frau Dr. Jirina Prekop, der eifrigsten FH-Missionarin in Deutschland. Daß es möglich ist, so offen und unangefochten die Vergewaltigung kleiner Kinder (Durchschnittsalter: fünf bis sechs Jahre) zu propagieren und zu praktizieren, liegt wiederum nicht zuletzt an der geschickten Verwendung einiger magischer Begriffe. FH-Praktikern geht es um »Liebe«, »Beziehung«,

»Hautkontakt«, manchmal um »Therapie«, hauptsächlich aber um »konsequente Erziehung«. Bei dieser Art Liebe und Erziehung umklammern die Erwachsenen die Kinderkörper so kräftig und drücken, pressen, quetschen sie so lange mit aller Gewalt an ihren eigenen Leib, bis die Kinder – oft nach stundenlanger panischer Gegenwehr – einsehen müssen, daß sie keine Chance haben, weil die Erwachsenen stärker sind und es auch wirklich übers Herz bringen, diese Kraft ohne Rücksicht auf Verluste gegen ihre Kinder einzusetzen. (Für eine genauere Beschreibung und Analyse des »Festhaltens« verweisen wir auf das Buch »Zur Vernunft kommen«.)

In der Zeitschrift *Holding Times* (Januar 1993) wird für diese Praktiken unter anderem durch den Abdruck von Erfahrungsberichten begeisterter und dankbarer Eltern geworben. Hier einige Passagen aus drei ausführlichen Berichten:

»(...) Ich habe blind auf Stefan eingeschlagen (...) Über den Psychologen der Eltern-Zeitschrift kam ich an die Adresse von Frau Dr. Prekop. Sie empfahl mir, ihr Buch ›Der kleine Tyrann‹ zu lesen, sowie die Halte-Therapie, und ich solle mich an Herrn Neßling wenden. – Wir bekamen einen Termin bei Herrn Neßling, und dort ging es zu unserer großen Überraschung sofort zur Sache. Nachdem wir ca. $1/2$ Stunde im Haus waren, begann das Halten. Ich verstand die Welt nicht mehr. Ich hatte nicht geahnt, was für eine Wut und Energie in diesem Kind steckte. Erst nach 5 Stunden wurde Stefan ruhiger. Wir hatten endlich einmal die Oberhand behalten und schon nach dieser ersten Sitzung hatten wir ein viel ruhigeres Kind. (...) Und er kuschelt und schmust jetzt mit uns. Das wollte er früher nie. Wir haben jetzt einen Jungen, der sich lenken läßt. Hin und wieder ist Halte-Therapie angesagt, aber ›Dresche‹ war seither nicht mehr nötig. – Ich bedanke mich recht herzlich für die Hilfe, und wenn Sie, Herr Neßling, Empfehlungen brauchen: Ich stelle ihnen mindestens tausend aus... Marion G. (Duisburg)«

»Ich hatte anschließend, als mein kleiner Sohn und ich schmusten, das Gefühl: So nah wie in dem Moment war ich ihm das letzte Mal bei der Geburt. Unser Großer, der sich nie umarmen ließ, nahm mich und meinen Mann abends beim Zubettgehen in den Arm und gab uns einen dicken Kuß und sagte: ›Ich habe euch lieb!‹ – Seit einem halben Jahr hat sich dank des Haltens viel verändert. (...) Ich fühle mich nicht mehr hilflos den Launen meiner Kinder ausgesetzt. Auch die Beziehung zu meinem Mann ist wieder schöner geworden. Wir wissen, wir sind auf dem richtigen Weg.   Claudia (Göppingen)«

»Eines Abends war ich sehr wütend, denn während ich in der Badewanne saß, wachte Anna auf und schrie. Ich fing an zu schimpfen: ›Nichts, aber auch gar nichts kann man zu Ende machen. Ich habe es so satt, die Gejagte zu sein!‹ Ich wurde immer zorniger, und da geschah es, daß ich Anna nahm und beschloß, sie nicht mehr loszulassen, bis sie sich beruhigt hatte. Anna wehrte sich mit Händen und Füßen. Mir fiel ein, daß sie es noch nie zugelassen hatte, einfach gehalten zu werden. Ich spürte meine Enttäuschung darüber, daß ich zwar wandelnder Aussichtsturm, Milchkuh, Kichererbse, Turngerät usw. sein durfte – alles Eigenschaften, die unsere Beziehung schon irgendwie förderten –, aber mir wurde bei dieser vehementen Gegenwehr klar, daß Anna mich noch nie wirklich an sich herangelassen hatte, daß sie mich als Mutter noch gar nicht angenommen hatte. Es wurde immer dramatischer. Obwohl ich recht unerschrocken bin, was seelische Prozesse angeht, kamen mir doch Bedenken, ob ich hier nicht einen ernstlichen seelischen Schaden verursache. Endlich nach einer Stunde hörte Anna mit einem Male auf. Völlige Entspannung trat ein. (...) Die Babies sind hinterher richtig glücklich und sehen so friedlich aus.   Dorothea K. (Hechingen)«

Es wäre nicht richtig, die Beruhigung und Entspannung, die durch das »Festhalten« erreicht wird, mit dem Gefühl nach einem sexuellen Höhepunkt zu vergleichen. Es geht bei dieser

Sache ohnehin nicht um reife Sexualität: Nach der Pubertät sind die meisten Kinder einfach zu kräftig, als daß diese Behandlung noch durchgeführt werden könnte. Treffender ist ein Vergleich mit dem uns wohl allen bekannten wunderbaren Gefühl, wenn ein unerträglicher Schmerz plötzlich abklingt, sich wohlige Wärme einstellt und wir glücklich und dankbar sind. Hier ein weiteres (vollständiges) Zitat aus der *Holding Times* (Januar 1992):

»Wie Kinder ihr Festhalten erleben:

Hanna (5): Hab's vergessen, was los war; aber jetzt bin ich glücklich!

Marco (5½): Erst hab ich geweint, dann hab ich gelacht und geknuddelt. Jetzt geht's mir gut!

Hayley (8): Halten ist wie eine Diät. Wenn dein Bauch ganz fett vor Wut ist, läßt das Halten die ganze Wut raus, und hinterher geht's dir gut.

Tanja (10): Die ersten 20 Minuten war es ganz gut. Dann hat sich meine Mama hingelegt, und ich hab mich auf sie gelegt und geweint. Und dann wollte ich weg, aber sie hat mich festgehalten. Und dann war ich wieder froh.

Mathias (12): Halten ist wie eine Dusche. Es wäscht die ganzen schlechten Gefühle aus dir raus.

Jasmina (13): Während des Festhaltens ist es ziemlich anstrengend. Man will seine Wut oder seine Traurigkeit nicht zeigen. Und dann gibt man es auf und zeigt seine Gefühle, schreit oder weint. Und dann tröstet die Mama einen. Und das ist schön und man fühlt sich geborgen.«

Es ist hinreichend bekannt, daß geprügelte Kinder später oft sagen, sie hätten ihre Erziehung »genossen«, seien dankbar dafür, die Schläge hätten ihnen sicher nicht geschadet. Beim »Festhalten« wird zwar nicht geschlagen, aber es wird Erziehungsgewalt in ihrer brutalsten und konsequentesten Form angewendet. »Es wäscht die ganzen schlechten Gefühle aus dir

100

raus« (Mathias). Das »Festhalten« ist tatsächlich *Gehirnwäsche*: Die Kinder werden umgepolt (FH-Jargon: »erneuert«) zur sadomasochistischen »Lebensform«, die dadurch gekennzeichnet ist, daß man die Stiefel küßt, die einen treten, weil man gelernt hat – zu lernen gezwungen wurde –, die Schmerzen und Demütigungen zu genießen, die einem als »Liebe« und »Erziehung« verkauft wurden.

Damit dieses Verkaufen funktioniert und die FH-Praktiken nicht als kriminell erkannt und behandelt werden, gibt sich diese Szene große Mühe, ihre Leute im »Festhalten« und im »Anleiten« dazu theoretisch und praktisch gründlich »auszubilden«. Sie versuchen auch, sich (etwa durch internationale Kongresse) einen »wissenschaftlichen« Anstrich zu geben. Das kann zwar nicht gelingen, aber immerhin haben sie es erreicht, bisher an ihrem verbrecherischen Treiben noch nicht gehindert worden zu sein. Im Gegenteil, immer mehr Eltern schlagen mit dem »Festhalten« zwei Fliegen mit einer Klappe: Sie »dürfen« jetzt ihre Sehnsucht nach intensivem körperlichem und seelischem Kontakt mit abhängigen Wesen befriedigen und gleichzeitig ihre Machtgelüste hemmungslos ausleben.

Erziehungsideologen unterstellen Kindern eine »Erziehungsbedürftigkeit« und damit ein »Recht auf Erziehung«. FH-Theoretiker unterstellen Kindern masochistische Bedürfnisse und nennen das Festgehaltenwerden »ein Grundrecht des Menschen« (so der Leitartikel in der *Holding Times* vom Januar 1993). Wer diese Gedankenkonstruktion ernst nimmt, kann die Kinder natürlich nicht davor schützen, gezüchtigt und genotzüchtigt zu werden. Wenn Kinder als Erziehungsobjekte gelten, gelten sie sowieso auch als Lustobjekte – wir erinnern nur an den berühmten »pädagogischen Eros«. Allerdings: Die Liebe der FH-Erzieherinnen (nur selten sind die Täter Männer) beläßt es nicht beim reinen Wunschdenken, ihr Ideal ist nicht die freiwillige Kapitulation, sondern diese »tatkräftige Liebe« (Prekop) hat tatsächlich die Macht, die gesunde Seele zur Kapitulation zu zwingen, sie zum Sadomasochismus zu »erneuern«. Nach Prekop soll das Vergewaltigen aus Liebe sogar »der ganzen Gesellschaft zur Erneuerung der Menschlichkeit verhelfen«.

Die zitierte Beobachtung von Sigmund Freud, daß »ein passiv empfangener Eindruck beim Kind die Tendenz zu einer aktiven Reaktion hervorruft«, gilt nicht nur für Kinder. Im Falle Prekop war es so, daß sie zwar als Siebenjährige von ihrer Mutter FH-mäßig vergewaltigt wurde. Aber dieses einmalige Erlebnis hatte sie nicht »erneuert«. Dies geschah erst später (als sie das Festhalten als angebliche »Therapie« für autistische Kinder schon kannte) durch ein entsprechendes Erlebnis mit ihrem Ehemann, der sie so kräftig und unerbittlich umklammerte, daß sie plötzlich auf den Geschmack kam und Gefallen daran fand, sich einem Stärkeren vollkommen unterlegen zu fühlen. Seitdem verfolgt sie diese fixe Idee und sie ruht und rastet nicht, um möglichst der ganzen Welt das S/M-Glück aufzuzwingen. In dem Artikel »10 Jahre Halten in Deutschland« (*Holding Times*, Januar 1992) werden Dr. Prekops »anfängliche Bedenken gegen die ihr gewaltsam erscheinende Methode« erwähnt. Weiter heißt es:

»Erst dank einer – von ihr ausführlich in ihrem Buch ›Hättest du mich festgehalten‹ geschilderten Selbsterfahrung – konnte sie begreifen, daß die FH-Methode, die so wunderbare Wandlungen auslöst, nichts mit Gewalt oder Freiheitsberaubung zu tun hat. Nach dieser Erfahrung begann sie das FH anzuleiten, und sie erkannte allmählich, daß das FH als spürbare Vermittlung der vorbehaltlosen Liebe nicht in erster Linie eine Therapie sein sollte, sondern mehr eine Lebensform.«

Es geht uns hier nicht um die Verrücktheit und kriminelle Energie einiger geistig und seelisch kranker Persönlichkeiten, sondern darum, daß diese Leute ungehindert die Vergewaltigung von Kindern praktizieren und propagieren können, indem sie sich auf das offiziell anerkannte »Erziehungsrecht« der Eltern berufen. Unter dem Deckmantel der »konsequenten Erziehung« hat auch die denkbar gewalttätigste Methode (wie zitiert) »nichts mit Gewalt und Freiheitsberaubung zu tun«, einfach weil sie »so wunderbare Wandlungen auslöst«. Nur im Rahmen der Erziehungsideologie ist es möglich, Vergewaltigung und Gehirnwäsche an körperlich unterlegenen Menschen als »spürbare Vermittlung der vorbehaltlosen Liebe« auszugeben – wobei gar nicht auffällt, daß das »vorbehaltlos« nur bedeutet, daß Vorbehalte der Liebesobjekte gegen diese Art der Liebe nicht akzeptiert, sondern niedergerungen werden (das ist die »spürbare Vermittlung«).

Sogar in der FH-Szene ist unstrittig, daß die Seele der Kinder zunächst nicht masochistisch ist. Das nützt den Kindern aber nichts, denn es gibt ja noch die »Entwicklungstatsache«. Kinder lernen aus ihren Erfahrungen und denen entsprechend entwikkeln sie sich entweder zu Menschen, die Liebe und Gewalt als Gegensätze ansehen, oder zu Menschen, die Liebe und Gewalt als zusammengehörig betrachten und empfinden. Im ersteren Falle sind sie frei, in ihren Beziehungen das Problem der optimalen Nähe oder Distanz auf gleichberechtigter Basis flexibel auszuhandeln. Dann schließen sich Liebesgefühle und gegenseitiger Respekt nicht aus, sondern bedingen einander. Nach unserer Auffassung sind Frauen und Männer gerade dabei, dies zu lernen – was ihnen nicht leichtfällt, weil sie in der Kindheit schon als Objekte »normaler« Erziehungsmethoden andere Gewohnheiten entwickelten.

Im letzteren Falle, also wenn immer mehr Menschen heranwachsen, für die Liebe und Gewalt zusammengehören, ja sich gegenseitig bedingen, würde letztendlich das Faustrecht siegen und die Liebe als »Kind der Freiheit« auf der Strecke bleiben. Die Menschheit würde tatsächlich »erneuert« zu einer ganz anderen »Lebensform« – und gewiß keiner demokratischen.

Während die FH-Erziehung aus einem intensiven Machtkampf besteht, nach dessen Höhepunkt Täter und Opfer zu Entspannung und Befriedigung gelangen, gibt es bei der normalen Gewalterziehung nicht selten für beide Parteien ein böses Erwachen. Wie schon zitiert, gibt es nach Expertenschätzungen in Deutschland pro Jahr für bis zu tausend Kinder sogar überhaupt kein Erwachen mehr. In solchen Fällen nützt es dann den Tätern nichts, wenn sie sich auf ihre Liebe, ihren guten Willen oder ihre Hilflosigkeit berufen; sie werden strafrechtlich zur Verantwortung gezogen. Erziehung, die zum Tode führt, kann nicht als »für Kinder gut« verkauft werden. In der Regel haben die Täter auch keine Tötungsabsicht, nur eine Erziehungsabsicht, und die wird so verstanden, daß die Erziehungsakte den Kindern nützen sollen; verdächtig oft erklären die Täter, sie hätten das gleiche auch selbst erlebt und es habe ihnen »nicht geschadet«. In dem schon angesprochenen *Zeit*-Dossier (einem Prozeßbericht mit der Überschrift: »Mami und Papi haben Steven totgemacht«) sagt der Vater des toten dreieinhalbjährigen Steven: »Mir hat das damals nicht geschadet. Also hab ich mir nichts dabei gedacht.«

Dieses »nichts« ist natürlich nicht wörtlich zu nehmen. Vor Gericht erklärte der Vater: »Ich hab mit ihm geredet. Hab ihn gefragt, warum er in die Hose macht. Aber er ist bockig gewesen. Dann ist mir der Geduldsfaden gerissen, und ich hab ihn geschlagen.« Eine weitere Aussage: »Ich hab gedacht, er macht in die Hose, damit er wieder zu Oma und Opa zurückkommt. Später wußte ich nicht mehr, was ich denken sollte. Schimpfen hat nichts genützt; die Schläge nicht und auch nicht, daß wir ihn allein schlafen ließen.« Der Richter fragt die Mutter: »›Sagen Sie mal, das war doch ein wehrloses Kind. Warum haben Sie denn das alles geschehen lassen?‹ – Die Angeklagte: ›Wir haben doch Angst gehabt, daß das Jugendamt uns das Kind wegnimmt, wenn die sehen, daß er in die Hose macht.‹«

Die Eltern haben sich also nicht »nichts« gedacht. Tatsächlich nehmen Jugendämter beziehungsweise Gerichte Eltern ihre Kinder mit der Begründung weg, die Eltern seien »erziehungsunfähig«. Und was bleibt Eltern übrig, wenn Schimpfen und Schläge – wie der Vater sagte – »nichts genützt« haben?

Einmal fragte der Richter den Vater: »›Was würden Sie denn sagen: Haben Sie eine glückliche Kindheit gehabt?‹ – Der Angeklagte: ›Ja, ich glaube schon.‹ – Der Richter: »Und wie war das mit dem Schlagen? Haben Sie schon mal von der Mutter oder dem Vater eins hinten draufgekriegt – das muß ja manchmal sein, da ist ja eigentlich nichts Schlimmes dabei?‹ – Der Angeklagte: ›Ach, nicht oft. Manchmal hat mich die Mutter mit dem Teppichklopfer verhauen. Aber das war nicht so schlimm. Ich bin ja nicht nachtragend gewesen.‹«

Der Vater sagte nicht, die Schläge seien gut für ihn gewesen. Er sagte, sie wären »nicht so schlimm«, sie hätten ihm »nicht geschadet«. Ein Grundsatz heutiger (liberaler) Ethik lautet: Du kannst alles tun, was du willst, solange es niemandem schadet. Der Vater folgte der Devise (nach Aussage der Mutter): »Das sind schließlich meine Kinder. Mit denen kann ich machen, was ich will.« Die Großmutter bestätigt: »Er hat gesagt, mit seinen Kindern macht er, was er will. Das geht niemanden was an.« Der Angeklagte: »Ich dachte, der bockt wieder.« Die Folge (laut Urteil): »…bis auf die Knochen blutig geschlagen; über und über mit blauen Flecken übersät; körperlich und seelisch zermürbt, zerbrochen; der Todeskampf hatte begonnen…«

Der Staatsanwalt über Mutter und Vater: »Sie hat eine untergeordnete Rolle gespielt. Er hielt die Rolle des Herrn im Haus bis zur letzten Konsequenz durch.« Der Verteidiger des Vaters: »Hohes Gericht, können Sie einen Mann noch bestrafen, der sein Leben lang damit fertig werden muß, sein Kind getötet zu haben?« Der Richter (im Urteil): »Das Gericht weiß nicht, was die Angeklagten gedacht und gewollt haben.«

Wir finden diese Schutzbehauptung des Gerichts (um nicht »Lüge« zu sagen) verständlich und typisch. Mutter und Vater hatten offen und ehrlich gestanden, was sie »gedacht und gewollt« hatten. Der Vater war der Herr im Haus, die Mutter ordnete sich ihm unter, der dreijährige Knabe tat dies nicht. Nach dem *Zeit*-Dossier waren daran möglicherweise die Großeltern (Eltern der Mutter) schuld, bei denen Steven sich einige Zeit aufhielt. Dort hat der Junge bestens funktioniert. »Ärger hat es nie gegeben. ›Nie‹, sagt die Oma. ›Steven hat uns nur Freude gemacht.‹« Nichts anderes wollte der Vater auch. Aber er wollte es erzwingen. Er dachte, er dürfte und müßte es erzwingen. Die Großeltern wollten das Kind nicht erziehen, sie erfreuten sich an dem Kind, wie es war. Sie respektierten das Kind. So respektierte das Kind auch sie, und es gab keine Probleme. Die Beziehungen zwischen Großeltern und Enkeln sind heute oft deutlich entspannter, ja gleichberechtigter, als die Beziehungen zwischen Eltern und Kindern, sofern die Großeltern nicht denken, ihre Enkel erziehen zu müssen. Bei älteren Menschen (wenn sie nicht gerade Politiker, Generäle, Erziehungswissenschaftler oder ähnliches sind) verliert das Machtdenken oft an Attraktivität. Ob das eine Folge der »Altersweisheit« ist oder vielleicht eher ihre Ursache, wäre eventuell eine eigene Untersuchung wert. Jedenfalls ging die »Weisheit« der Großeltern nicht so weit, daß sie erkennen konnten, wie gefährlich ihr Schwiegersohn in seinem Männlichkeits- und Erziehungswahn tatsächlich war. Viele Berichte zeigen allerdings, daß Kinder sich auch mit solchen Vätern arrangieren, sie wenigstens überleben können, wenn sie nicht auf den Gedanken kommen – oder gebracht werden – über die »Geduld« ihrer Erzieher hinaus zu »bocken«. Es wäre denkbar, daß Steven wegen seiner Großeltern eine Art »Selbstwertgefühl« entwickelte, das seinen Vater dann zum Totschläger machte.

Wir haben jetzt drei unterschiedliche Bedeutungen des Begriffs »Erziehung« näher betrachtet. Zum ersten »Erziehung« als bewußter Lustgewinn Erwachsener mit Erwachsenen; zum zweiten »Erziehung« als Gehirnwäsche an gesunden Kindern, um ihre Distanzbedürfnisse zu zerstören, damit sie für die Befriedigung der eigenen übersteigerten Nähebedürfnisse immer und vollständig zur Verfügung stehen; zum dritten »Erziehung« als Gehorsamsdressur an »ungezogenen« Kindern, um ihre Eigenwilligkeit zu bekämpfen, damit sie für die Befriedigung der eigenen übersteigerten Machtbedürfnisse zur Verfügung stehen und damit man selbst als erfolgreicher Erzieher gelten kann.

Das Wort »Erziehung« kann noch eine Reihe weiterer Bedeutungen haben. Über die wird häufig ergebnislos gestritten. Wenn beispielsweise die eine Partei darauf hinweist, daß »Erziehung« auch dort, wo keinerlei Gewalt ausgeübt wird, eine einseitige Veranstaltung »von oben nach unten« sei, behauptet die andere Partei (für die das Wort »Erziehung« positiv besetzt ist) oft, »Erziehung« sei in Wirklichkeit ein wechselseitiger Prozeß, bei dem Erwachsene und Kinder voneinander lernen und sich gegenseitig beeinflussen würden. Solche »dialogische«, »partnerschaftliche« oder »demokratische« Erziehung kenne keine »Subjekte und Objekte«, beruhe auf gegenseitigem Respekt, achte selbstverständlich die Menschenrechte und Würde der Kinder, habe also schlechterdings nichts mit dem zu tun, was die eine Partei immer zu unterstellen beliebe.

Tatsächlich wird der Begriff »Erziehung« immer häufiger in dieser Bedeutung gebraucht (definiert), wenn über diese Themen gesprochen wird. Oft sagt die andere Partei sogar noch, das Wort »Erziehung« mißfalle ihr eigentlich auch, weil da ja in Wirklichkeit niemand »ziehen« würde und dieser Eindruck auch nicht geweckt werden sollte, aber es gebe eben leider kein anderes, besser passendes Wort.

In diesem Falle muß die eine Partei natürlich fragen, *wofür* die andere Partei denn überhaupt ein besonderes Wort benötige, wenn doch der Umgang mit Kindern ebenso partnerschaftlich und demokratisch sei wie der unter Erwachsenen, wo der Begriff »Erziehung« ja auch nicht üblich sei. Spätestens dann kommt wieder die »Entwicklungstatsache« auf den Tisch, die objektive Notwendigkeit, daß Kinder viele Dinge »eben lernen müssen« und auch »lernen wollen«, und diesem Lernen der Kinder stehe auf Seiten der Erwachsenen das »Lehren« und »Erziehen« gegenüber mit dem einzigen Zweck, das Lernen der Kinder zu unterstützen und zu fördern.

In diesem Stadium ist das Gespräch so weit in die Wolken des Wunschdenkens abgehoben, daß die eine Partei vernünftigerweise nur kapitulieren kann. Wenn sie dies tut und der anderen Partei das Wort Erziehung »schenkt«, erhält sie oft sogar das Wort Gleichberechtigung als Gegengabe. Wir möchten ausdrücklich betonen, daß wir auch selbst zu diesem »Geschäft« bereit sind. Wir halten das Wort »Erziehung« nicht aus Leidenschaft für gefährlich, für einen riesigen Sack voller Saatkörner der Gewalt, sondern aufgrund nüchterner Beobachtungen und Analysen. Wegen dieser Nüchternheit erkennen wir auch, daß alle rationalen (verstandesmäßigen) Bemühungen um eine Abschaffung des Erziehungsbegriffs scheitern müssen, solange dieses Wort für eine nennenswerte Zahl von Menschen emotional (gefühlsmäßig) positiv besetzt ist.

Wir haben nun in den vergangenen Jahrzehnten die Erfahrung gemacht, daß es nicht nur notwendig, sondern auch möglich ist, bei der anderen Partei (wie sie eben zitiert wurde) allmählich der Erkenntnis über die negative Funktion des Erziehungsbegriffs zum »Durchbruch« zu verhelfen, indem sie darauf aufmerksam gemacht wird, daß sie sich in einer kleinen Minderheit befindet, wenn sie ernstlich und konsequent mit »Erziehung« nichts meint, was mit der ebenso ernsthaften »Gleichberechtigung aller Menschen« unvereinbar wäre. Die nächste Erkenntnis gewinnt dann schnell an Boden: Im amtlichen, gesetzlichen, im »herrschenden« Sprachgebrauch meint »Erziehung« zu mindestens 95 Prozent etwas grundsätzlich anderes als diese Minderheit. Zumindest gegenüber anderen Menschen, also beim öffentlichen Gebrauch des Wortes »Erziehung«, würde die andere Partei eine Ideologie, ein Wahn- und Gewaltsystem bestätigen und fördern, das sie selbst erklärtermaßen ablehnt. Genaugenommen macht sich die andere Seite durch diesen Sprachgebrauch mitschuldig an allen erlaubten und unerlaubten kinderfeindlichen Aktivitäten Erwachsener, die im Namen der »Erziehung« verübt werden.

Fast regelmäßig erleben wir, daß die andere Partei nach vielen solchen Gesprächen das Wort »Erziehung« allmählich immer seltener gebraucht. Solche Erfahrungen finden wir erfreulich, aber leider berechtigen sie nicht zum Optimismus. Denn die »andere Partei«, mit der wir uns eben auf dieses »Geschäft« einließen, besteht vollständig aus rein *mit*menschlich orientierten Personen. Der Seelenzustand dieser Personen erlaubt ihnen Erkenntnisse, die bei *macht*menschlich orientierten Personen nicht »durchkommen«. Wir haben sogar schon oft erlebt, daß bestimmte machtorientierte Menschen offensichtlich nur zum Schein versuchten, »Erziehung« als harmlos und friedlich zu definieren, bei konkreten Rückfragen dann aber unschuldigen Blickes darauf bestehen, daß in diesem oder jenem Fall die Kinder »selbstverständlich« nicht respektvoll, höflich, gleichberechtigt behandelt werden dürften – und meist folgt schnell die aggressiv gestellte Frage, was man selbst denn täte, wenn Kinder sich von Balkonen stürzen, Babys ermorden, Wohnungen anzünden oder auch nur Rattengift verzehren wollten.

Wir verraten unsere Antworten auf solche Fragen hier nicht, um auf der begrifflichen Ebene (dem Thema dieses Kapitels) zu bleiben. Wir müssen nur darauf aufmerksam machen, daß mit dem Wort »Erziehung« oftmals extrem unseriös operiert wird – was leicht verständlich ist: Die meisten Menschen haben als Kinder »Erziehungsmaßnahmen« konkret als gegen sie gerichtete Akte erlebt, als Angriffe – nicht umsonst gibt es Buchtitel wie »Erziehung – Angriff auf die Freiheit« (von Heinrich Kupffer, 1980, Reprint 1994) und »Angriffe – Kinder erleben Erziehung« (von Friedrich Thiemann, 1993). Andererseits erfuhren sie aber auf abstrakter Ebene, daß es sich dabei um notwendige, in ihrem ureigensten Interesse liegende, immer gut, oft sogar liebevoll gemeinte Akte gehandelt haben soll, die ihrem »Wohle« dienten und womöglich den »Täter(inne)n« selbst nicht leichtfielen und so weiter. Außerdem wurden nicht nur unangenehme Maßnahmen ihrer Erzieher(innen) als »Erziehung« bezeichnet, sondern auch wirklich gute Ratschläge, freundschaftliche Gespräche, schlichte Informationen, Hinweise, Warnungen, Antworten sowie konkret nützliche Hilfen, sogar Dienstleistungen der Erwachsenen, so daß ihnen eine einseitig und eindeutig negative Wertung dieses Begriffes nicht ohne weiteres einleuchten will.

Hinzu kommt, daß Machtmenschen eine solche Wertung gar nicht einleuchten *darf*, aus für sie subjektiv übergeordneten Gründen. Besonders Menschen mit sogenannten »erziehenden Berufen« üben ja vielfältig Macht aus – und diese Möglichkeit ist ein wichtiger Teil ihrer Motivation, wie Berufswahlforschungen immer wieder zeigen –, möchten aber nicht als »autoritär« oder »machtgierig« gelten. Da ist das Wort »Erziehung« eben das ideale Deckmäntelchen, sofern und solange es positiv klingt, und zwar so positiv, daß unter seinem Schutz auch allerlei nicht so ehrenwerte Aktivitäten, vielleicht sogar hoch eigennützige und lustvolle, gerechtfertigt erscheinen.

Wenn wir oben schrieben, der Begriff »Erziehung« werde oft »unseriös« verwendet, meinen wir damit nicht: boshaft. Wir behaupten nicht, daß die »Deckmäntelchen-Funktion« dieses Begriffes von irgend jemandem in bewußter betrügerischer Absicht benutzt wird. Wir unterstellen das nicht einmal der eindeutig schwerkriminellen FH-Sekte. Entscheidend ist, daß nicht einzelne Menschen mit diesem Begriff boshafterweise Verwirrung stiften, sondern daß dieser Begriff das selbst tut,

und zwar nicht nur unter den Menschen, sondern hauptsächlich in den Köpfen der einzelnen Individuen. Die »Magie« des Wortes »Erziehung« besteht gerade in dieser Verwirrung – in und zwischen den Menschen –, weil es nicht nur rational fast »alles und nichts« bedeuten, sondern auch emotional je nach Zusammenhang die gegensätzlichsten Wirkungen zeitigen kann: Sehen wir uns als »Täter« oder »Opfer«, in der Gegenwart oder in der Vergangenheit (mit unseren Eltern und »Erziehern« als Tätern); sehen wir unsere Kinder in der Gegenwart oder in der Zukunft; sehen wir persönliches Glück im Vordergrund oder gesellschaftliche oder kulturelle Aspekte; sehen wir die Wünsche, Vorsätze, Absichten der Beteiligten oder aber die wirklichen Vorgänge und Ergebnisse, die Wirkungen und Nebenwirkungen; haben wir (und haben andere) gerade auf Optimismus oder Pessimismus »geschaltet«; sind wir eher »einsichtig« oder eher »trotzig« gestimmt; erscheint uns diese Einzelfrage als besonders wichtig, haben wir bei jener ein schlechtes Gewissen, nehmen wir eine dritte vielleicht sogar mit Humor aufs Korn??? Fragen über Fragen, und die Antworten sind schon im einzelnen Menschen oft zufällig, willkürlich, situations- und stimmungsabhängig. Um wieviel mehr Durcheinander kann entstehen, wenn mehrere Menschen sich über solche Themen verständigen wollen! Da diskutieren Erwachsene heute verbissen über ein bestimmtes »Erziehungsproblem«, das anderen Erwachsenen nur ein müdes Lächeln entlockt. Bekannt ist die Tendenz vieler Eltern, sich »bei der Erziehung« ihres ersten Kindes viel stärker »nach Plan« zu verhalten, sich nach »Rezepten« zu richten als bei den späteren Kindern. Was hat das zu bedeuten? Worin unterscheiden sich zweit- und drittgeborene Kinder von erstgeborenen? Was macht »Erziehungsprobleme« zu ernsten oder lächerlichen Sorgen? Was verursacht das weiter oben angedeutete Durcheinander?
Der nüchterne Überblick zeigt: Sämtliche »Erziehungsprobleme« spielen sich zunächst einmal in den Köpfen der

Erwachsenen ab. Die genannten Unterschiede sind Unterschiede des Denkens. Erwachsene »machen sich Gedanken« über Kinder. Aber nicht alle Gedanken über Kinder sind »erzieherischer« Art. Eltern denken nicht ausschließlich an die »Erziehung« ihrer Kinder, sie können auch an ihre Ernährung denken, an ihre Lieblingsspiele und so weiter. Gleichgültig was die eine und der andere mit »Erziehung« meint, es läßt sich feststellen, daß »erzieherisches« Denken ein besonderer Typ von Denken ist, daß Gedanken über »Erziehung« ein spezieller Typ von Gedanken sind. Dieses »typische« Denken läßt sich nicht einheitlich/allgemeingültig charakterisieren; jeder einzelne Mensch kann aber normalerweise für sich selbst diesen Denktyp ganz gut bestimmen. Das Individuum selbst weiß schließlich genau, ob es mit »Erziehung« gerade einen S/M-Genuß meint oder etwas, das auf diese oder jene Weise sein Kind betrifft. Die Einzelperson weiß auch genau, welche tatsächlichen Ereignisse sie meint, wenn sie sie bei sich selbst dem Typ »Erziehung« zuordnet. Wenigstens die Unordnung im eigenen Kopf kann schnell entscheidend vermindert werden, wenn man für sich alle Arten von Gedanken über »Erziehung« daraufhin überprüft, ob sie Kinder als gleichberechtigte Mitmenschen oder als »Zöglinge« betreffen. Wer diese Prüfung durchführt, kann natürlich zunächst nur seinen gerade aktuellen Standpunkt klären. Den meisten heutigen Erwachsenen wird dabei deutlich, daß ihr Denken über Kinder doch recht anders geartet ist, als es sein müßte, damit es mit der Gleichberechtigung der Generationen verträglich wäre. Aber gleichzeitig wird ihnen bei dieser Prüfung bewußt, daß sie Denk-Alternativen haben und frei sind, in ihrem Kopf einige »Werte« neu zu ordnen, einige Denkinhalte in ihrer Wichtigkeit neu zu sortieren, beispielsweise die Subjekthaftigkeit, die Menschenrechte, die Gleichberechtigung von Kindern höher einzustufen als alle möglichen »erzieherischen« Wunschvorstellungen.

112

Wir gehen jetzt nicht mehr in Einzelheiten darauf ein, wieviel Unfriede und Gewalt im »erzieherischen« Denken stecken kann, besonders auch dann, wenn es sich zunächst *versteckt* und erst erkennbar wird, sobald das Erziehungsobjekt nicht wie erwartet, berechnet, beabsichtigt funktioniert. Wir weisen einfach auf die »Autonomietatsache« hin, das ist die unbestreitbare Beobachtung, daß Menschen grundsätzlich *selbstbestimmt* entsprechend ihren *eigenen* Bedürfnissen, Neigungen, Fähigkeiten, Entscheidungen, Stimmungen und dergleichen lernen (auch: vergessen), nicht als willenlose, programmierbare Automaten. Das menschliche Gehirn ist kein Computer, sondern ein lebendiges, wie Hirnforscher sagen: »sich selbst organisierendes System«. Es läßt sich nicht passiv (wie ein leeres Gefäß) »beeinflussen«, ist kein »Rohmaterial für Erziehung«, sondern wählt aktiv und selbstbestimmt (das heißt ausnahmslos autonom) unter den es umgebenden Materialien höchst subjektiv aus, was ihm am wichtigsten und nützlichsten zu sein scheint. Aus diesem Grund lernt ein Kind in deutsch sprechender Umgebung die deutsche, in chinesisch sprechender Umgebung die chinesische Sprache. Es lernt auch, »bitte« und »danke« zu sagen, wenn es das sinnvoll findet. Die Entscheidungsinstanz befindet sich in seinem eigenen Kopf – dies ist zwar eine banale Feststellung, aber das erziehungsideologische Wunschdenken blendet sie dennoch häufig aus dem Bewußtsein aus. Wäre das anders, würde sich niemand darüber wundern, ärgern oder empören, wenn Kinder etwas anderes lernen, als ihnen von ihren Erzieher(inne)n »beigebracht« oder »anerzogen« werden sollte.

Manchmal lernen Menschen das, was sie nach Meinung anderer lernen sollen (oder »müssen«) und was »sie gelehrt wurden« – aber manchmal lernen sie genau das Gegenteil oder auch ganz etwas anderes. Alles Lernen erfolgt autonom, aber diese Tatsache ist nicht allen Menschen bewußt, nicht einmal allen »gebildeten« Menschen. Häufig hört man Formulierungen wie die von Roman Herzog (im Januar 1994 auf die Frage, ob er für das Amt des Bundespräsidenten kandidieren werde): »Ich bin so erzogen worden, daß ich nicht kneife.« Viele Menschen sagen, sie seien durch dies und jenes (wie eine passive und endgültig festgelegte Münze) »geprägt worden«, von der oder jenem »großgezogen worden«, viele Leute erklären sich (und andere Menschen) rundheraus zum »Produkt« diverser Faktoren, allgemein etwa: aus »Anlage und Umwelt«, ganz so, als wollten sie sich vor ihrer Verantwortung für sich selbst drücken, indem sie ihre Freiheit (existentielle Autonomie/Selbstbestimmung) leugnen.

So reden (und denken?) sich Menschen klein, zu Opfern, als wären sie mechanische Reaktionsautomaten, prinzipiell (wie Soziologen sagen:) »außengeleitet«, obwohl viele von ihnen gleichzeitig Wert legen auf ihre »eigene Meinung« und »stolz« sind auf ihre Leistungen, sogar manche ihrer Entscheidungen »bereuen« und so weiter. Wir greifen dieses Thema später wieder auf, wollen hier nur festhalten, daß es angesichts dieser unklaren Selbstwahrnehmung vieler Menschen kein Wunder ist, wenn sie Kinder ebenso unklar wahrnehmen. Wenn sie dann noch auf Kinder herabblicken (weil sie erfahren, gelernt haben, daß Kinder »unten« sind oder sein sollten), dann sehen sie sie wirklich und ehrlich als Objekte an, und alles (vieles) in ihnen sträubt sich dagegen, sie als gleichberechtigte Mitmenschen anzuerkennen. Wenn ein Kind dann anders ist und anders handelt, als der Erwachsene es dachte, führt das nicht zum besseren Kennenlernen, zum gleichberechtigten Dialog, sondern zu einseitigen Versuchen der »Korrektur«, zu Druck, zu Maßnahmen, zu Gewalt. Und je erfolgreicher die Gewalt ist, desto intensiver lernt das Kind natürlich, daß Gewalt erfolgreich und Machtausübung attraktiv ist. Und so pflanzt sich dieses Denken von Generation zu Generation fort. Die Kinder werden »zum Frieden erzogen«, aber sie lernen Feindschaft und Kampf. Sie werden »zur Toleranz erzogen«, aber sie lernen

Rechthaberei. Sie werden »zur Demokratie erzogen«, aber sie lernen Gewalt.

Genauer müßten wir formulieren: Erwachsene *versuchen* Kinder zu x, y, z zu erziehen, aber viele Kinder lernen a, b, c. Manche Kinder lernen auch x, y, z, aber nicht wegen der Erziehungsversuche, sondern trotz dieser. (Kinder machen ja auch außerhalb von Erziehungsversuchen Erfahrungen, aus denen sie lernen.)

Was dagegen alle Kinder, die als »Zöglinge«, »Erziehungsobjekte«, als »Mindermenschen« behandelt werden, lernen, ist beispielsweise, daß sie in den Augen derer, die sie zu erziehen, also zu ändern versuchen, so, wie sie sind, nicht gut genug sind, nicht akzeptiert, nicht einmal toleriert werden; daß sie es nicht verdienen, so, wie sie sind, bedingungslos geliebt zu werden; daß es in Ordnung ist, Menschen, die einem nicht passen, zu bedrohen, zu bestechen, zu erpressen; daß man schwächere Leute einschüchtern und »notfalls« mit Gewalt zu etwas zwingen darf, das man selbst für richtig hält; daß man nur sicher ist, wenn man über Macht verfügt; daß die Bedürfnisse, Wünsche, Ziele schwächerer Menschen weniger zählen als die der stärkeren; daß Menschen weniger wert sind, wenn sie weniger leisten; daß man sich Liebe, Anerkennung, Wertschätzung durch Anpassung verdienen muß; daß man Menschen »lieben« und gleichzeitig – sogar »aus Liebe« – quälen, bestrafen, beleidigen, demütigen, beschimpfen und – wiederum »notfalls« – vergewaltigen kann; kurz (um eine fast unendlich lange Liste in einem Punkt zusammenzufassen): daß nicht alle Menschen gleichberechtigt sind.

Wir wissen: Nicht alle Menschen werden deshalb Vergewaltiger. Nicht jedes Saatkorn geht auf, nicht jeder Keimling reift zur Pflanze, nicht jede Knospe zur Frucht. Aber solange nicht einmal offiziell von den wissenschaftlich und politisch Verantwortlichen die Würde, die Freiheit und die Gleichberechtigung aller Menschen anerkannt wird, ist es purer Hohn, die Gewalt unter den Menschen auf »unfähige« Eltern oder gar das Fernsehen zu schieben. Gewalt, Macht, Egozentrik, Rücksichtslosigkeit und so weiter werden gelernt, solange Gewalt, Macht, Egozentrik, Rücksichtslosigkeit und so weiter an Seele und Leib erfahren, erlitten werden. Solange unter dem Deckmantel von »Erziehung« seelische und körperliche Gewalt gegen Kinder praktiziert und propagiert wird, ist »Erziehung« ganz sicher nicht nur ein (unschuldiges) Wort, wie »gut gemeint« es auch gebraucht wird.

Es gab einmal eine Zeit, in der das Wort »Hexe« praktisch ein Todesurteil war. Nur einfach dieses Wort. Heute nennen sich manche Frauen stolz »Hexen«, und niemand kommt auf den Gedanken, deshalb ein Streichholz anzuzünden. Niemand nimmt ein Buch wie den »Hexenhammer« noch ernst. Heute aber wird »Mut zur Erziehung« gepredigt und so mancher »Kinderhammer« ist ein Bestseller. Am leichtesten kann man erziehungs- (das heißt macht-)gläubige Eltern begeistern, wenn man Kinder als »Monster« oder »Tyrannen« etikettiert mit »Allmachtsgelüsten« oder »Herrschsucht«, denn dadurch werden sie zum Freiwild erklärt, und auch die brutalsten Gegenmaßnahmen erscheinen gerechtfertigt. Entweder als »Erziehung« oder sogar als Therapie. Gleichzeitig wird der Buchmarkt von Werken überschwemmt, die den Erwachsenen erklären, wie sie ihr »inneres Kind« wieder heilen können, jenes Wesen, das damals nicht akzeptiert wurde, sondern mißachtet, gedemütigt, manipuliert, verletzt, gekränkt, mißhandelt, ausgebeutet, vergewaltigt. Das System der Geschäftemacherei psychologischer »Experten« ist perfekt: Erst sollen die Eltern lernen, die Kinder zu erziehen – das heißt, ihnen ihre Kindlichkeit auszutreiben –, dann sollen die Erzogenen lernen, sich ihre Kindlichkeit zurückzuerobern. Und immer noch wundern sich manche Leute über den Zustand der Welt.

Sag mir, wo die Werte sind . . .

Gedanken zu einer ver-rückten Debatte

In Sonntagsreden und aus manchen Anlässen (gerade wieder bei der Auftaktveranstaltung zur »Woche der Brüderlichkeit 1994« Anfang März in Wiesbaden) werden gerne Bekenntnisse abgelegt zu Toleranz, zu Respekt vor dem »Anderen« und »Fremden«, zur »absoluten« Absage an jegliche Gewalt. Friede, Freiheit, Gerechtigkeit, Mitmenschlichkeit sind häufig beschworene Werte, auch »Höchstwerte« oder »Grundwerte« genannt, an denen »wir« uns doch bitte – im Großen wie im Kleinen – orientieren mögen. »Wir haben aus der Geschichte gelernt«, wird besonders in Deutschland von »Offiziellen« versichert, und das klingt glaubwürdig. Gleichzeitig klingt es auch beschwörend, wie eine Aufforderung, ein Ausfluß des Wunschdenkens, und alle Zuhörenden wissen, warum das so ist, worauf sich das bezieht.

Die Menschen »oben« sind in keiner »Werte-Krise«. Das Problem sind die Leute »unten«, von denen einige den »Standort Deutschland« in Verruf zu bringen drohen und von denen viele »verdrossen« scheinen, sich nicht mehr richtig »engagieren«, sich nicht mehr so eifrig an denen »oben« orientieren. Von oben gesehen erscheinen sie »orientierungslos«.

Also klagen diejenigen, die sich »für das Ganze« verantwortlich fühlen möchten, seit einigen Jahren wieder einmal verstärkt darüber, daß bestimmte »alte Werte« außer Kurs geraten, aber noch keine »neuen Werte« an ihre Stelle getreten seien. Wahlweise wird von »Werteverfall« und »Wertevielfalt« (»Wertpluralismus«) gesprochen, und damit diese »Unsicherheit« nicht ins »Chaos« führt, erfolgt in aller Selbstverständlichkeit, wieder einmal, der Ruf nach »Erziehung«, genauer: nach »Werte-

Erziehung«. Der Jugend sollen wieder Werte »vermittelt« werden. Die Magie des Erziehungsbegriffs wirkt ungebrochen. Die Menschen »oben« sind sich nur noch nicht recht einig, zu welchen Werten denn nun eigentlich verstärkt – oder endlich wieder konsequent – erzogen werden soll.

Wir (A. B. & EvB) sind sehr wertbewußte Menschen, in manchen zentralen Punkten ausgesprochen »wertkonservativ«, und auch wir wünschen uns, daß junge Menschen nicht gewalttätig, kriminell, drogenabhängig und so weiter werden. Wir sind keine Chaoten, die alle Traditionen in Frage stellen oder die sich – und sei es klammheimlich – freuen, wenn Menschen gegeneinander kämpfen, sich Leid zufügen oder auch nur selbst in ihr Unglück rennen. Wir machen uns Gedanken und schreiben Bücher, damit die Menschen sich und andere besser verstehen können und in Frieden, Freiheit, Gerechtigkeit miteinander leben. Nur aus diesem Grunde (mit diesem Ziel) kritisieren wir bestimmte Traditionen und Denkfehler, die bei gründlicher Prüfung einfach nicht halten, was sie versprechen, nicht erreichen, was sie anstreben.

Wir zeigen jetzt an einem Beispiel, wie Menschen trotz ihres Bekenntnisses zu den Werten der Demokratie versuchen, der Wertekrise »von oben« beizukommen. Wir analysieren diesen Versuch aus der Perspektive dieses Buches als zum Scheitern verurteilten Irrweg und zeigen anschließend auf, welcher andere – tatsächlich einzige – Weg das angestrebte Ziel erreichen kann. Ob dieser Weg rechtzeitig und in ausreichender Breite beschritten wird, liegt freilich nicht in unserer Hand. Weil er aber nicht nur politisch »zielführend«, sondern auch für einzelne Menschen und ihr Verhältnis zu Kindern unmittelbar nützlich ist, widmen wir seiner Beschreibung ein ganzes Kapitel.

Am 15. November 1993 trat die überparteiliche »Werteinitiative '93« an die Öffentlichkeit. Initiatorinnen (darunter ein Mann) waren außer einer Journalistin je eine Angehörige aller vier im

Nordrhein-Westfälischen Landtag vertretenen Parteien. Das Medien-Echo war beträchtlich, hauptsächlich weil (mit den Worten der *Frankfurter Rundschau* vom 16. 11. 93) »so unterschiedliche Leute wie der Philosoph Jürgen Habermas, Pfarrer Friedrich Schorlemmer, der Bochumer Unternehmer Klaus Steilmann, Bundestagspräsidentin Rita Süßmuth, der Filmregisseur Hark Bohm, der Frankfurter Stadtrat Daniel Cohn-Bendit, Bertelsmann-Verleger Reinhard Mohn und der Marburger Erziehungswissenschaftler Wolfgang Klafki ihre Mitarbeit bei dem Versuch zugesagt (haben), in der ganzen Bundesrepublik eine Werte-Erziehung im Geiste der Aufklärung anzustoßen.« Der »Aufruf« dieser Initiative umfaßt zwei Druckseiten und enthält eine Reihe von Feststellungen, die so allgemein gefaßt sind, daß ihnen leicht viele »unterschiedliche Leute« zustimmen können. Andere Aussagen aber verraten das unter Politikern heute noch übliche stark eingeschränkte Verständnis von Demokratie, und daß auch dies so viel Zustimmung fand, ist sicherlich bemerkenswert. Hier der vollständige Wortlaut:

WERTEINITIATIVE '93

WERTE-ERZIEHUNG IM GEISTE DER AUFKLÄRUNG IST GRUNDLAGE UNSERER DEMOKRATIE

Wir wollen eine andere Werte-Debatte!

Die derzeitige öffentliche Debatte um Werte-Erziehung wird falsch geführt, denn Bekenntnisse ersetzen eine rationale Auseinandersetzung.

119

Die einen instrumentalisieren die Diskussion und lenken ab von politischen Themen, suchen Sündenböcke und weisen Schuld zu. – Die anderen schließen aus, daß das Gutgemeinte auch zu Fehlentwicklungen geführt habe und tabuisieren das Thema aus vermeintlicher moralischer Überlegenheit. Um Begriffe wie Autorität, Leistung, Heimat wird regelrecht gekämpft. Die einen besetzen sie in ihrem Interesse, die anderen lehnen aus diesem Grund auch die Inhalte für sich ab.

So entstehen falsche Gegensätze, die Denkblockaden errichten. Defizite und Mängel auf beiden Seiten werden vielleicht erkannt, aber aus Sorge um falsche Vereinnahmung nicht ausgesprochen, und dies in einer Situation, in der gesellschaftliche Desintegration zunimmt, aber Orientierung gefordert ist.

Eine Verständigung über »Grundwerte« ist unverzichtbar

Dabei geht es im Kern um das »geistige Band«, das unsere Gesellschaft als demokratische und soziale zusammenhält. Viel zu oft werden falsche Gegensätze aufgebaut:

Selbstbestimmung und Selbstbeschränkung gehören zusammen, Verantwortung für sich und für andere ist nicht teilbar, und Individualität, die nicht in Egoismus entarten will, bedarf des Gemeinsinns und der gesellschaftlichen Verständigung. Diese wiederum kann zu demokratischer Identität nur verhelfen, wenn sie Individualität fördert und auf der freien Entscheidung der Individuen beruht.

Der gesellschaftliche Wert der Solidarität darf weder durch Mißbrauchsdebatten noch durch Anspruchsdenken diskreditiert werden. Manchmal wurde und wird Offenheit mit Standpunktlosigkeit verwechselt, Freiheit mit Bindungslosigkeit, Toleranz mit Beliebigkeit.

Die früher vorherrschende Auffassung war, daß nur diejenigen Rechte haben, die auch Pflichten erfüllen. Das ist der falsche Ansatz: Wir haben Rechte und nehmen sie in Anspruch, deshalb müssen wir uns (und allen anderen) auch Pflichten auferlegen. Dies gilt sowohl für uns als einzelne, aber auch für Familien, gesellschaftliche Gruppen und auch in der Schule.

Pädagogisches Handeln muß sich von den Ideen der Aufklärung leiten lassen!

Erziehung und Bildung sind immer wertgebunden. Wir halten am Ziel der Mündigkeit fest. Dies macht es entgegen manchem Vorurteil erforderlich, Werte und Bindungen nicht als Angebot eines Supermarktes zu begreifen, sondern sie in einem mühseligen Prozeß immer wieder gemeinsam zu definieren, zu akzeptieren und sie uns anzueignen. Kinder, Jugendliche und erst recht Erwachsene müssen urteils-, konflikt- und konsensfähig sein.

Eigene Interessen formulieren, die Interessen anderer berücksichtigen und einen Interessenausgleich herbeiführen zu können, d. h. Konflikte ertragen und Kompromisse finden zu können, sind Grundfähigkeiten in einer auf Partizipation und Autonomie ausgerichteten Demokratie. Selbst-Bestimmung ist eine Voraussetzung für Mit-Bestimmung.

Selbstwertstärkung kann vielfach Selbstverteidigung ersetzen. Gerade in Erwägung historischer Erfahrungen in Deutschland wenden wir uns gegen jede Erziehung zum Untertanen und lehnen einen Rückgriff auf autoritäre Erziehungsmuster ab, die Unterordnung an die Stelle von Aufklärung setzen und so die Entwicklung von Ich-Stärke verhindern. Nur Menschen mit Ich-Stärke und Selbst-Bewußtsein können auch mit Fremden, mit Konkurrenz und Streß gelassen und ohne Angst umgehen. Perspektivübernahme muß geübt werden.

Erwachsene müssen Werte vorleben und erfahrbar machen!

Erwachsenen kommt große Verantwortung zu. Ihr Verhalten gegenüber Kindern ist ganz entscheidend dafür, ob Erziehung gelingt und Kinder Selbstvertrauen entwickeln können. Sie müssen sich Kindern liebevoll zuwenden, Zeit für sie haben, Zuversichtlichkeit und eine optimistische Zukunftsperspektive vermitteln. Sie müssen aber auch bereit sein, Grenzen zu ziehen und sich auf Konflikte mit den Kindern einzulassen, dabei aber Argumente liefern, Position beziehen und begründen, Gelassenheit, aber nicht Beliebigkeit vermitteln, Regeln und Rituale einüben. Regelverletzungen müssen Folgen haben, damit Regeln auch eingeübt und akzeptiert werden.

Wer keine Orientierung bietet, vernachlässigt Kinder. Er/Sie flieht aus der Verantwortung als Erziehende/r und delegiert die eigene Verantwortung an diejenigen, die sie noch nicht übernehmen können. Auf Laisser-faire und Verzicht auf

Erziehung mögen sich manche Erwachsene zurückziehen: Ich-Stärke kann so nicht aufgebaut, Identität nicht entwikkelt werden.

Erziehung findet nur Akzeptanz, wenn Erwachsene das leben, was sie von Kindern und Jugendlichen erwarten. Werte zu predigen, ohne sie zur eigenen Richtschnur zu machen, verhindert deren Annahme.

Darum eine andere Debatte ...

Wir halten eine neue Werte-Debatte für gesellschaftlich notwendig. Ein Denken in Schubladen und ideologischen Lagern verhindert eine konstruktive Diskussion, die dem Problem wirklich gerecht wird. Selbstgerechtigkeit ist wenig hilfreich und führt nur zur eigenen Abschottung. Es muß in Zukunft darum gehen, die Polarisierung des Denkens zu überwinden und aus einer Praxis der Beliebigkeit zur Entwicklung tragfähiger Konzepte zu gelangen. Kinder und Jugendliche erwarten nicht Einheitlichkeit, aber Verläßlichkeit und einen Konsens, der Verschiedenheit ermöglicht. Hierfür wollen wir uns einsetzen.

Nachdem wir den gesamten Text wiedergegeben haben, können wir nun getrost einige Aussagen »aus dem Zusammenhang reißen«, um sie mit dem Thema unseres Buches in Zusammenhang zu stellen. Eine von uns versuchte dies bereits am 1. 12. 93 mit einer Anfrage an die Initiatorinnen. Die letzten drei Absätze dieses (unbeantwortet gebliebenen) Schreibens lauteten: »Die Pflichten, die wir nach Ihren (gewiß richtigen) Worten ›uns (und allen anderen)‹ auferlegen müssen, werden bekannt-

lich von zahlreichen Erwachsenen gerade im Umgang mit Kindern nicht erfüllt. Frage: Was wird gegen solche Regelverletzungen getan? Was können die drangsalierten Kinder vielleicht selbst tun? Wie wollen Sie die Erwachsenen dazu bringen, sich gegenüber Kindern tatsächlich ›wertgebunden‹ zu verhalten?
Wenn Umfragen immer wieder bestätigen, daß über die Hälfte der Erwachsenen (bzw. der Eltern) vom Wert der Gewalt gegen Kinder überzeugt sind, wird ja deutlich, welche Werte Erwachsene den Kindern – wie Sie sagen: – ›vorleben und erfahrbar machen‹. Was soll Ihrer Meinung nach mit dieser Mehrheit an gewaltbereiten Erwachsenen geschehen? Und was mit all den gewaltverherrlichenden und gewaltpropagierenden Politikerinnen, die sich der Abschaffung des elterlichen Züchtigungsrechtes widersetzen?
Müßte man nicht konsequenterweise diesen Leuten Prügel androhen (die Sprache, die sie offensichtlich verstehen), damit sie den Wert der Gewaltfreiheit handfest erleben? (Es würde ihnen heute kaum mehr schaden als früher.) Aus welchem Grund sollen gewaltorientierte Jugendliche anders behandelt werden als gewaltorientierte Politiker? Sind letztere nicht viel mächtiger = gefährlicher für die Gesellschaft?
Mit freundlichen und friedlichen Grüßen, A. Böhm«

Es ist leicht zu verstehen, daß diese Anfrage nicht dem entsprach, was die »Werteinitiative '93« im Sinn hatte: Schon deren erste Behauptung ist schlicht unwahr: »Werte-Erziehung im Geiste der Aufklärung ist Grundlage unserer Demokratie.« Tatsächlich wurde »unsere« Demokratie von den Alliierten nach dem 2. Weltkrieg etabliert, und die allgemeinen Grundlagen der Demokratien wurden durch Kämpfe von »unten« nach »oben« gelegt, nicht durch Erziehungsakte von »oben« nach »unten«. Merkwürdig erscheint auch der Rückgriff auf den »Geist der Aufklärung« und die »Ideen der Aufklärung«: Gegen wen oder was wird damit eigentlich Stellung bezogen? Nur am

Rande erwähnen wir, daß die »Aufklärung« nach dem Ende des Mittelalters – wie auch zum Beispiel die Französische Revolution – mit »Menschenrechten« ausdrücklich nur die Rechte ausgewachsener Männer meinte, nicht nur Kinder nicht, sondern auch Frauen nicht: Olympe de Gouges, die damals »Frauenrechte« forderte, wurde von den männlichen Revolutionären 1793 mit der Guillotine hingerichtet. Und was in der Zeit der Aufklärung »Kindererziehung« bedeutete – nämlich die nackte und gewaltsame Dressur –, dürfte den Initiatorinnen eigentlich nicht verborgen geblieben sein. (Zu Einzelheiten empfehlen wir wiederum das Buch »Zur Vernunft kommen«.)

Wir reihen nun einige Aussagen der »Werteinitiative '93« aneinander, zum Teil, der Kürze halber, nicht ganz wörtlich, aber streng sinngemäß, und kommentieren sie jeweils anschließend. Im Aufruf heißt es beispielsweise:

Selbstbestimmung und Selbstbeschränkung gehören zusammen.

Dies ist eine wichtige Erkenntnis. Aber ist sie auch auf Kinder gemünzt?

Gesellschaftliche Verständigung kann nur zu demokratischer Identität verhelfen, wenn sie auf der freien Entscheidung der Individuen beruht.

Weil der freien Entscheidung »minderjähriger« Individuen ja der Respekt versagt wird, soll ihnen wohl nicht zu »demokratischer Identität« verholfen werden?

Zu »Erziehung und Bildung«: Wir halten am Ziel der Mündigkeit fest.

»Mündigkeit« bedeutet eigentlich, einen Mund zu haben, um (ohne »Vormund«) mitzureden und mitzubestimmen. Da Kinder von Anfang an einen Mund haben und ihn auch zu allen möglichen Mitteilungen benutzen, ist uns rätselhaft, was da zum »Ziel« erklärt wird.

Wir wenden uns gegen jede Erziehung zum Untertanen und lehnen einen Rückgriff auf autoritäre Erziehungsmuster ab, die Unterordnung an die Stelle von Aufklärung setzen.

Wir wüßten gerne, was es für »Erziehungsmuster« gibt, die nicht »autoritär« sind. Es genügt schon, an das »Ziel der Mündigkeit« zu erinnern, um zu sehen, daß hier die einen Menschen den anderen Menschen ein Ziel setzen, was schon in sich »autoritär« ist, nämlich »von oben nach unten« gedacht, von Subjekt zu Objekt. Die Erwachsenen können so dumm, verbohrt, fanatisch, pervers, machtgierig, verlogen, ausbeuterisch ... und auch urteils-, konflikt- und konsensunfähig sein, wie sie wollen, ihre »Mündigkeit« wird nicht bestritten, und niemand schreibt ihnen »Ziele« vor und erwägt ihnen gegenüber diese oder jene »Erziehungsmuster«. Erwachsene haben, durch pures Altern, das »Ziel« schon erreicht, sind »oben«, und Kinder können so leistungsfähig, klug und überhaupt sein, wie sie wollen, sie sind »unten«, Erziehungsobjekte, ganz gleichgültig, welche »Erziehungsmuster« die Erwachsenen aushecken.

Erwachsenen kommt große Verantwortung zu.

»Verantwortung« heißt im Klartext: Macht. Worüber wir keine Macht haben, dafür tragen wir auch keine Verantwortung.

Sie müssen bereit sein, Grenzen zu ziehen und sich auf Konflikte mit den Kindern einzulassen.

Allmählich zeigt sich das wahre Gesicht von »Erziehung«.

Regelverletzungen müssen Folgen haben.

Natürlich sind hier Regelverletzungen von Kindern gemeint. Die Regeln werden von Erwachsenen aufgestellt, die Kinder haben zu »folgen«. Tun sie das nicht, hat das »Folgen«. In einem Zeitungsinterview auf die Art dieser Folgen befragt, bekannte sich eine der Initiatorinnen in aller Selbstverständlichkeit zu »Strafen«, natürlich wieder nur für die Kinder.

Wer keine Orientierung bietet, vernachlässigt Kinder.

Kindern muß also Orientierung »geboten« werden. Daß Kinder – unter allen Bedingungen – Subjekte sind und *sich* orientieren, kommt Erziehungsideologen gar nicht in den Sinn.

Kinder sind noch nicht fähig, Verantwortung zu übernehmen.

»Verantwortung« ist ein zu vielschichtiger Begriff, um diese allgemeine Aussage hier bewerten zu können. Sie erledigt sich aber im Laufe dieses Buches von selbst.

Verzicht auf Erziehung verhindert bei Kindern Ich-Stärke und Identität.

Das alte Lied der »Erziehungsbedürftigkeit« von Kindern. Für uns ist diese Aussage aber deshalb interessant, weil sie »Verzicht auf Erziehung« definitiv für möglich erklärt. Das steht im Gegensatz zu vielen anderen Argumentationen, die behaupten, daß jegliche Kommunikation auch »Erziehung« sei, da sie »Wirkungen« zeitige und zu »Lernen« führe. (Umgekehrt all den gewiß nicht zu knapp erzogenen Erwachsenen mit ihren statistisch erfaßten Süchten und Abhängigkeiten, psychischen und psychosomatischen Krankheiten, Vorurteilen und so weiter umstandslos »Ich-Stärke« zu attestieren, erscheint uns übrigens als schon fast wieder bewundernswerte Frivolität.)

Anstelle einer Zusammenfassung zitieren und diskutieren wir drei weitere Sätze dieses Aufrufs:

»Erwachsene müssen Werte vorleben und erfahrbar machen!«

»Erziehung findet nur Akzeptanz, wenn Erwachsene das leben, was sie von Kindern und Jugendlichen erwarten.«

»Werte zu predigen, ohne sie zur eigenen Richtschnur zu machen, verhindert deren Annahme.«

Diese Sätze halten wir für sehr bemerkenswert. Sie erkennen an, daß es die Kinder sind, die über die Akzeptanz/Annahme all dessen entscheiden, was die Erwachsenen mit ihrer Erziehung versuchen. Trotzdem erklären selbst diese Sätze noch Kinder zu mechanischen Reaktionsautomaten. In einem Fall »findet Erziehung Akzeptanz«, der andere Fall »verhindert die Annahme der Werte«. In beiden Fällen sind Kinder nicht frei, dies oder jenes vielleicht trotz der Fehler der Erwachsenen zu akzeptieren/anzunehmen. In beiden Fällen liegt alles in der Hand der Erwachsenen, Erfolg und Mißerfolg. Soviel Blindheit für die Realität, soviel erwachsener Größenwahn, so ins Extrem gesteigertes Wunschdenken sind wohl kaum erklärbar ohne jene ganz besondere Magie des Wortes »Erziehung«, der wir uns im vorangegangenen Kapitel anzunähern versuchten.

In der Realität finden Kinder, wie jeder weiß, so viele verschiedene Werte vor, so viele verschiedene Orientierungen, so viele Lebensstile, so viele Vorbilder und Schreckbilder, so viele Möglichkeiten (oft heißt es: so viele »Miterzieher«), daß es nachgerade albern ist, in dieser Weise an Erwachsene zu appellieren. Haben diese guten Menschen wirklich noch nie von all den Kindern gehört, deren Eltern ihre Werte auf das Glaubwürdigste lebten, und die sich dennoch (oder deshalb) auf die Gegenseite schlugen? Und sei es nur, um sich von einem Geschwister abzugrenzen, das brav wurde, wie die Eltern es »erwarteten«?

Bemerkenswert finden wir die zitierten drei Sätze noch aus einem anderen Grund. Schon Goethe sagte: »Man könnte erzogene Kinder gebären, wenn die Eltern selbst erzogen wären.« Dieses Bonmot ist ebensoviel oder so wenig wert wie die ganze ›Werteinitiative '93‹. Wenn die Erwachsenen gut, sinnvoll, glücklich leben würden, hätten die Kinder zunächst einmal keinen Grund, nicht ebenso leben zu wollen. Anders gesagt: Wenn die Werte, an denen die ältere Generation sich orientiert, tatsächlich und erfahrbar wertvoll wären – also nützlich, erfreulich, reizvoll, beglückend, abenteuerlich, fair, herausfordernd und sichernd zugleich, allen Menschen ohne Unterschied gerecht werdend und und und –, dann würde die jüngere Generation sich wohlweislich hüten, diese wertvollen Werte zu vernachlässigen. In vielen sogenannten »traditionellen Gesellschaften«, die unsere Forscher dann allerdings »primitiv« nennen, soll diese Überlieferung von Generation zu Generation ja über viele Jahrhunderte zur allgemeinen Zufriedenheit funktioniert haben.

Wie dem sei, die heutigen Menschen der westlichen Zivilisation haben den Nachkommen so oder so nichts Vergleichbares anzubieten. Die Menschheit hat sich zugrundegewirtschaftet, ihren Planeten ruiniert, die Reichen werden immer reicher, die Armen immer ärmer und immer zahlreicher, absurde Kriege und selbstgemachte Katastrophen sind unseren Kindern gewohnter Alltag, und so prügeln sie sich um ein paar teure Klamotten, die Alten saufen sich die Hucke voll, betäuben sich mit Pillen, trainieren positives Denken, irgendwie tanzen alle mehr oder weniger luxuriös auf dem Vulkan, solange es noch geht, und nur ein paar völlig vom Zug der Zeit zurückgelassene Idioten hocken zusammen und faseln dummes Zeug über »Werte« oder schreiben Bücher, zum Beispiel über »Gleichberechtigung«. Es ist schon verrückt. Aber wenn's Spaß macht . . .

Jetzt tun wir wieder so, als hätte das alles einen Sinn (nicht zuletzt unsere Kinder versuchen uns das einzureden), und beschreiben, wie angekündigt, den Weg, auf dem das tatsächlich erreicht werden kann, was mit »Werte-Erziehung« oder »Werte-Vermittlung« üblicherweise gemeint ist. Dabei streiten wir nicht darum, *welche* Werte »vermittelt« werden sollen, befassen uns nicht mit »Werte-Konflikten« und sortieren Werte nicht nach »alten« oder »neuen«. Denn all dies hätte nur Sinn auf der Basis der »doppelten Moral«, die in den zuletzt zitierten Sätzen der »Werteinitiative« als zum Scheitern verurteilt bezeichnet wurde. (Mit »doppelter Moral« meinen wir: Werte zu predigen, ohne sie selbst zu leben.)
Im Grunde ist die Sache sehr einfach, wenn man die erziehungsideologische Brille einmal abgesetzt hat. Werte, die gelebt werden, brauchen nicht gepredigt zu werden. Aber ganz so einfach ist es nun auch wieder nicht: Unsere Aussage gilt nur für Werte, die es wert sind, von *allen* Menschen gelebt zu werden. In *hierarchisch* organisierten Gemeinschaften, in denen wenige »oben« und viele »unten« sind, ist eine doppelte Moral unverzichtbar. In einer bekannten Formel gesagt: Die »oben« predigen Wasser und trinken selbst Wein. Und in der Regel bleibt es nicht beim »Predigen«. Wenn die Menschen »unten« sich mit

dem Wasser nicht zufriedengeben, bekommen sie die reale Macht der Obrigkeit zu spüren, die sich zu diesem Zwecke einen ganzen »Apparat« aus Polizei (oft auch Militär), »Staatssicherheits«- oder »Verfassungsschutz«-Organen, nicht selten auch Psychiatern und dergleichen (bis hin zu schlichten Mörderbanden) geschaffen hat. Und selbstverständlich hält sich jede Obrigkeit auch eine große Bande korrupter Lakaien, die für ein paar Privilegien (zum Beispiel den Status von »Beamten«) bereit sind, die nachwachsenden Generationen im Sinne der Obrigkeit zu »erziehen« und zu »nützlichen Mitgliedern« des Systems zu machen, das heißt konkret, sie in ihrer Jugend bereits so einzuschüchtern, daß die Mehrheit sich mit ihrem Schicksal »unten« zufriedengibt, während eine Minderheit an ausreichend gewissenlosen, machtgierigen und egozentrischen Speichelleckern selektiert wird, um »aufzusteigen« und »oben« mitzumischen. Dies ist, wie im Grunde jeder weiß, der traditionelle Sinn von »Erziehung« und auch »Schule«: junge Menschen in eine Rangordnung zu bringen, damit sie in hierarchischen Organisationen eingegliedert werden können zur optimalen Ausbeutung für deren Interessen – seien es Staat, Kirche, Militär, Wirtschaftsunternehmen oder kleinere Systeme, in denen Menschen von oben nach unten »verwaltet« werden.

Gegen diese »Hackordnung« mit ihren »alten« Werten (hier der Wille zur Macht, da die Bereitschaft zum Gehorchen) haben sich die Menschen »unten« in langen und blutigen Kämpfen zur Wehr gesetzt und schließlich »neue« Werte etabliert, demokratische Werte, die allerdings einige Schönheitsfehler aufweisen, teilweise in bezug auf Frauen, hauptsächlich in bezug auf Kinder.

Um es kurz zu machen, sagen wir nur nochmals, daß es widersinnig ist, demokratische Werte »von oben nach unten« vermitteln zu wollen. Im Prinzip wird das in den zitierten drei Sätzen gegen die »doppelte Moral« ja auch eingestanden. Wir präzisieren: *Demokratische* Werte, die gelebt werden, brauchen nicht gepredigt zu werden. Werte, die es wert sind, von *allen* Menschen gelebt zu werden, verfügen selbst über eine starke Anziehungskraft, die nur nicht durch andere Kräfte (zum Beispiel »Erziehungskraft«) behindert oder gar außer Kraft gesetzt werden darf, um wirksam zu sein und zu bleiben.

Diese Aussagen könnten nun selbst nach Wunschdenken klingen oder »idealistisch«, sofern sie »von oben« geprüft werden. Von »oben« aus betrachtet erscheinen grundsätzlich, also auch in demokratischen Gesellschaften, bestimmte Werte als »notwendig«. Dieser »Blick von oben« muß nicht ein hierarchischer Blick sein, bei dem »oben« die Macht ist, er kann auch ein *geistiger* Vorgang sein, einfach ein »Überblick«, ein Blick aufs Ganze der Organisation, »über« die man gerade »Betrachtungen« anstellt. – Wir können das hier nicht näher untersuchen, aber wir hegen den Verdacht, daß mancherlei Mißverständnisse auf den nicht bewußt kalkulierten Unterschied zwischen diesen beiden »Blicken« zurückzuführen sind. Als Beispiel erwähnen wir nur die bekannten Formulierungen, daß Menschen so oder so »sein müssen« (wie oben zitiert), daß Kinder dies und jenes »lernen müssen«: Was im »Überblick« gemeint ist, entspricht dem »Ich muß trinken, um nicht zu verdursten«, hat also keinerlei Macht- oder Befehlshintergrund, sondern nennt Ursache-Wirkungs-Zusammenhänge, die einfach der Realität entsprechen. Der Satz, daß ich trinken »muß«, um nicht zu verdursten, schränkt meine Freiheit absolut nicht ein, denn die besteht darin, daß ich selbst entscheiden kann, wann, was, wieviel ich trinke, sofern ich trinken *will*. Unser Verdacht geht nun dahin, daß heute noch sogar zweifellos demokratisch gesinnte Menschen in bezug auf Kinder wie »Machtmenschen« denken – gewissermaßen aus Versehen –, weil sie den angedeuteten Unterschied übersehen: Was im »Überblick« als einfache Information beginnt, endet als Befehl von »oben«. »Wenn wir uns alle wohlfühlen wollen, müssen wir alle aufeinander Rücksicht nehmen.« Gesagt wird aber: »Du mußt Rücksicht nehmen, also

131

sei jetzt still!« Wenn dann noch Einwände, die auch als Rückfragen an diesen »Kurzschluß« interpretierbar wären, als
»Widerworte« angesehen werden und Strafe nach sich ziehen,
wird (im Laufe der Zeit) aus einer Selbstverständlichkeit (der
gegenseitigen Rücksichtnahme zum Vorteil aller) eine unsym-
pathische, lästige Pflicht, ein Akt der Unterordnung (statt Einordnung), den man so oft es geht vermeidet.

Entscheidend scheint uns zu sein, daß diese »Mißverständnisse« nicht etwa auf der Seite der Angesprochenen entstehen,
sondern bereits im Kopf der Sprechenden. Wir meinen, daß
schon beim Denken Erkenntnisse, die aus dem »Überblick«
gewonnen wurden, »verrutschen«, »ver-rückt« werden aus der
Abteilung für das Erkennen in die Abteilung für das Machen,
die Macht, das »Von-oben-nach-unten-Denken«. Aus Übersicht wird Überheblichkeit, aus besserem Wissen Besserwisserei, aus Informationen werden Befehle, aus Vorschlägen Vorschriften, aus Fingerzeigen Zeigefinger, aus Hinweisen wird
Unterweisung, aus Mitdenken wird Machtdenken, aus Wahrheit Zwang. Im Ergebnis werden auf diese Weise Antipathien
und Widerstände in den »Empfängern« solcher Machtbotschaf-
ten geweckt gegen die banalsten und einsichtigsten Wahrheiten,
und solcher »Trotz« bestärkt dann die Verursacher dieser Ver-
rückung in der Meinung, die Leute »unten« müßten letztlich zu
ihrem Glück gezwungen werden.

Aus diesem Grund haben wir die Werte-Debatte »ver-rückt«
genannt. Hinsichtlich der »Werte-Erziehung« kommt noch ein
wichtiger Punkt hinzu. Zum Konzept Erziehung gehört – nicht
unbedingt ausgesprochen, aber seiner inneren Logik nach – die
Vorstellung, daß die Kinder mit bestimmten Mitteln (»Erzie-
hungsmitteln«) zu einem bestimmten Ziel (»Erziehungsziel«)
gezogen (»geführt«, »geleitet« oder auch »begleitet«) werden.
Ist dieses Ziel erreicht, ist die Erziehung beendet. Der Mensch
gilt dann als »reif«, und nach der Reife kommt bekanntlich nur
noch das Verfaulen und Verschimmeln. Deshalb war die Idee

(Feststellung) des »Lebenslangen Lernens« für Erziehungsideologen so sensationell und irritierend. Erziehung soll zu Zielen
führen, und dann ist der Zögling »fertig«. Da »Erziehung« und
»Lernen« als zwei Seiten einer Medaille gedacht wurden, ist mit
dem Erreichen eines Erziehungsziels auch das entsprechende
Lernen beendet. Der Erziehungsideologie zufolge ist danach
alles »zu spät«. Der Mensch ist ausgewachsen und hat ausge-
lernt. Er gilt als reif und mündig, er hat seinen bestimmten
Charakter, niemand hat ihm mehr »etwas zu sagen«. Wenn er
trotzdem noch »oberlehrerhaft« angesprochen wird, verbittet
er sich diesen Ton: »Ich bin doch kein Kind mehr!« Wenig ist
für Erwachsene unangenehmer, als wenn sie »wie Kinder
behandelt werden«. Der Mensch, der die Erziehung hinter sich
hat, wird in dieser Logik als festgelegt gedacht, im Grunde als
unveränderlich und lernunfähig. »Was Hänschen nicht lernt,
lernt Hans nimmermehr.« So bin ich eben, sagen manche Leute
heute noch, das ist mein Charakter, so wurde ich erzogen, so
bin ich und so bleibe ich und so weiter – und wer anders ist,
lebendiger, beweglicher, neu-gieriger, »open minded«, sponta-
ner . . ., also geistig/seelisch nicht fixiert, sondern flexibel, dem
wird dann schnell unterstellt, er sei »orientierungslos« weil
»vernachlässigt«.
Wir diskutieren hier nicht die tatsächliche Lernfähigkeit in verschiedenen Lebensaltern, sondern die Folge einer bestimmten
Wahnidee. Wenn der Mensch zeitlich begrenzt als »Zögling«
gilt, bedeutet das unter anderem auch, daß die Werte, die ihm
»vermittelt« werden sollen, unbedingt vor dem Ende seiner
Lernphase in ihm (wie man oft lesen kann:) »eingepflanzt«
worden sein müssen, sonst ist er für sie verloren. Wertevermittler haben es also eilig und neigen zum Aktionismus, zum Mißtrauen und Machen, zu Ungeduld und Druckausüben,
wodurch sie im Zweifelsfalle doch nur den »pädagogischen
Gegenteileffekt« auslösen.
Weil »Wertevermittler« aus unserem Munde vielleicht etwas

abfällig klingt, fügen wir hinzu: Wer ein Kind liebt, wer für ein Kind nützlich sein will, wer ein Kind so betreuen und förderlich behandeln will, daß es als Individuum und als soziales Wesen möglichst gut, zufrieden, glücklich leben kann (und positiv, vielleicht sogar dankbar daran denkt, was man für es getan hat), der ist in unseren Augen keineswegs ein Bösewicht oder Ignorant. Wer Kindern nützlich sein will, dessen Denken ist unausweichlich zu einem Teil Wunschdenken und dessen Gefühle projizieren sich zunächst einmal ebenso unausweichlich auf die Kinder. Er wird also seine eigenen Werte, das, was er selbst für wertvoll hält, spontan auch immer den Kindern wünschen, und spontan wird er außerdem wünschen, daß die vielen Fehler und Umwege seines eigenen Lebens den Kindern erspart bleiben mögen. Dieses Wünschen kritisieren wir nicht; es gehört zur intensiven Liebe ebenso wie zum distanzierteren Wohlwollen.

Was wir kritisieren, ist der traditionelle Denkfehler, daß man zur Erfüllung dieser Wünsche mehr tun könne und dürfe, als die Umgebung des Kindes so zu gestalten, daß die Werte, die man dem Kind wünscht, ihre eigene Anziehungskraft beweisen, behalten, entfalten können. Dabei gehört zur »Umgebung« des Kindes auch die »geistige Welt«, also alle Informationen, Erklärungen, Anregungen über den Wert dieser Werte, die man in den Horizont des Kindes bringt, einschließlich des Bekenntnisses zu den eigenen Wünschen. Jedes »mehr«, das man zu tun versucht, verkleinert nach aller Erfahrung die Chance, daß die Kinder das lernen – nämlich lernen wollen –, was man für sie erhofft.

Wir wiederholen jetzt einen Satz, den wir schon vor einigen Seiten geschrieben haben: Im Grunde ist die Sache sehr einfach, wenn man die erziehungsideologische Brille einmal abgesetzt hat. In Wirklichkeit kann man Werte niemals »vermitteln«, weder durch Zwang, noch durch »Predigen«, noch durch »Vorleben«. Werte müssen tatsächlich »erfahren« werden, sie müssen als wertvoll erlebt werden, sonst sind sie bloßes Geschwätz. Sogar wer versucht, Werte »vorzuleben«, mißtraut ihrer eigenen Kraft allein durch das Demonstrative dieses Versuches. Wer bestimmte Werte einfach selbst *lebt* (nicht sie »vorlebt«), wer sich an bestimmten Werten selbst orientiert und damit »gut fährt«, müßte – außerhalb des erziehungsideologischen Denkens – vom Wert dieser Werte so überzeugt sein, daß er sie eigentlich nicht durch das Mißtrauen in ihre eigene Kraft (Attraktivität) beschädigen wollen kann, das er an den Tag legen würde, wenn er Kinder in die Richtung dieser Werte zu drängen versuchte. Insbesondere wäre es buchstäblich verrückt, wenn er Kinder zu diesen Werten durch Maßnahmen »erziehen« wollte, die selbst in Widerspruch zu diesen Werten stehen. Aber genau das ist heute das Normale.

Wir kommen zum Abschluß dieses Kapitels. Einen wichtigen Punkt haben wir uns noch aufgehoben. Wir glauben zu sehen, daß viele wertvolle Werte von vielen Menschen in aller Selbstverständlichkeit gelebt werden und dennoch auf Kinder nicht unbedingt anziehend wirken. Die Ursache vermuten wir darin, daß diese Werte zwar richtig *gelebt*, aber falsch oder auch gar nicht *erklärt* werden. So ist es zum Beispiel in weiten Kreisen üblich geworden, Kindern möglichst viele Wünsche zu erfüllen, aber die Kinder werden immer fordernder und anspruchsvoller, letztlich unzufriedener. Und die Eltern sind auch unzufrieden, kommen sich ausgebeutet vor und werden von Zweifeln geplagt, ob sie die Kinder nicht »verwöhnen«. Solche Eltern haben sich anfangs – vielleicht als Reaktion auf eigene frühere Mangelerfahrungen – in einer »Spendierhaltung« gefallen und es versäumt, die Maßstäbe offenzulegen (vielleicht auch: sich selbst klarzumachen), nach denen sie sich bei ihrer Entscheidung richten, den einen Wunsch zu erfüllen und den anderen nicht. Bei den Kindern entsteht der Eindruck, sie müßten die Eltern – ganz unabhängig von der Art und Berechtigung ihrer Wünsche – nur geschickt genug manipulieren, damit sie »nachgeben«. In Familien, in denen der Wert »Gleichberechtigung der Generationen« grundsätzlich für jede Eltern-Kind-Kommunikation gilt und die Eltern diese Richtschnur auch immer wieder erklären, wird das Problem der Kinderwünsche nicht quantitativ, sondern qualitativ angegangen. Die Eltern spielen nicht die Rolle von Wunscherfüllern oder -verweigerern, sondern sie sorgen dafür, daß die nicht routinemäßigen Wünsche aller Familienmitglieder gemeinsam erörtert, unter den verschiedensten Gesichtspunkten geprüft und schließlich einvernehmlich für berechtigt und erfüllbar befunden werden, oder auch nicht. (In diesen Familien werden übrigens solche Gespräche nicht als »umständlich« empfunden, sondern als gesuchte Gelegenheiten, sich besser kennenzulernen, sich gegenseitig auf dem laufenden zu halten, neue Erfahrungen auszutauschen und dergleichen.)

Wir erwähnen noch ein zweites Beispiel, den vielfach beklagten Verlust an »Gemeinsinn« oder »Gemeinschaftsgefühl«. Viele Eltern lassen sich selbst häufig von einem Wert leiten, der durchaus nicht »individualistisch«, sondern familienorientiert ist. Sie artikulieren das aber nicht. Sie erklären, daß sie zu diesem oder jenem »Lust haben«, zu jenem oder diesem aber »keine Lust«. Bei vielen Eltern und Kindern, so scheint uns, gelten diese Aussagen als ausreichende Begründungen und letzte Worte, so daß die Mitbetroffenen nicht erfahren, welche Beweggründe und Überlegungen tatsächlich zu der jeweiligen Entscheidung geführt haben. Ähnlich ist es mit dem »Spaß«. Etwas »bringt Spaß« oder es »macht keinen Spaß«, und damit basta. Bei solchem Sprachgebrauch erscheinen »Lust« und »Spaß« als Werte an sich, über deren Zustandekommen weder nachgedacht noch kommuniziert wird. »Lust« und »Spaß« sind zwar subjektive Gefühle des Individuums, aber sie entstehen häufig gerade aus der Gemeinschaft mit anderen. »Irgendwie« empfindet und weiß das natürlich jeder, und anfangs haben

Kinder bekanntlich einen besonders starken »Familiensinn«. Mit der Zeit aber verlieren viele die Lust auf und den Spaß an dieser Gemeinschaft, zum Teil weil die Eltern als Obrigkeit auftreten, zum Teil weil die Eltern desinteressiert, gleichgültig sind oder wirken. Nach unserer Erfahrung stiftet in Lebensgemeinschaften mit Kindern das offen zum Grundwert und zur Leitorientierung erklärte Prinzip der »Gleichberechtigung der Generationen« schon von sich aus eine optimale Beziehungsqualität mit starker Anziehungskraft. Wir nehmen an, daß das unter anderem an der attraktiven Herausforderung liegt, im Alltag wirklich immer Problemlösungen zu finden, die diesem Prinzip gerecht werden. (Auch wir als »alte Hasen« in dieser Frage werden von unseren Kindern noch manchmal bei Fehlern ertappt.)

Als Gegenreaktion auf manche alten Werte, zum Beispiel »Gehorsam« und (von »oben« aufgezwungene, nicht selbstgewählte) »Pflicht«, ist die Betonung von Werten wie »Lust« und »Spaß« leicht verständlich. Es gibt aber mittlerweile eine ganze Menge Kinder, die diese alten »Werte« kaum oder gar nicht mehr kennengelernt haben. Was für die Eltern Sinn machte (befreiend war), nämlich die berühmten »Sekundärtugenden« (Fleiß, Pünktlichkeit, Ordnung . . ., die man auch für das Betreiben eines Konzentrationslagers benötigt) nicht mehr als Selbstzweck anzusehen, hat in der nächsten Generation wohl teilweise zu einigen Mißverständnissen geführt, zum Beispiel zu einem verabsolutierten Rückzug auf das »Ich« und seine »spontanen« Gefühle. Eine gesunde, flexible »Ich-Wir-Balance« wird auf diese Weise nicht erreicht. Wir meinen, daß dies der Hauptgrund für mancherlei der heute geäußerten berechtigten Bedenken gegen die sogenannte »antiautoritäre Erziehung« ist, und daß die Orientierung an dem zwischenmenschlichen Höchstwert der »Gleichberechtigung *aller* Menschen« vor solchen und anderen Mißverständnissen oder Übertreibungen zuverlässig schützt.

Der Verstand denkt, und die Seele lenkt

Ein realistisches Praxis-Modell des menschlichen Gehirns
zur Begründung der Gleichberechtigung der Generationen

Das größte Hindernis für die Gleichberechtigung aller Menschen und den Frieden zwischen ihnen liegt nicht in der »menschlichen Natur«, sondern ist den vielen Gerüchten anzulasten, die von »Wissenschaftlern« über diese Natur in die Welt gesetzt wurden. Wir sprechen von der »Psychologie«, genauer: von »der« Psychologie, noch genauer: von den meisten der verschiedenen psychologischen »Schulrichtungen«, die noch immer (mehr oder weniger) vom »Oben-unten-Denken« infiziert sind.

Damit meinen wir nur zum kleineren Teil die oft genug recht willkürlich anmutende Unterscheidung zwischen Seelenkranken und Seelenkundigen (»Patienten« und »Therapeuten«), die Machtunterschiede zwischen den Menschen etabliert und nicht selten plumpe Scharlatanerie zum Zwecke der finanziellen, emotionalen und sogar sexuellen Ausbeutung zur Folge hat. (Je mehr psychologische »Experten« sich auf dem immer weiter boomenden »Psycho-Markt« tummeln, desto weiter verbreiten sich »seelische Krankheiten«, etwa die »Volksseuche Depression«, desto mehr »Psycho-Pillen« werden geschluckt, »Süchte« und »Störungen« entdeckt und selbstverständlich »Psychoklempner« ernährt.) Vielen Menschen erscheint Psychotherapie als »Geheimwissenschaft«, weil die verschiedenen »Schulen« ein ungeheuer kompliziertes Verwirrspiel betreiben, um zu vertuschen, daß alle ihre (teils plausibel klingenden, teils bodenlos absurden) Gedankenkonstruktionen in Wirklichkeit »Koffer-Theorien« (Michael Balint) sind, denen man nur das entnehmen kann, was man zuvor hineingepackt hat.

Dabei beweisen Vergleichsstudien über die Wirkungen der verschiedenen »Psychotherapien« seit langem, wie relativ einfach die Prinzipien sind, nach denen das menschliche Gehirn funktioniert. Selbstorganisation, Selbstachtung, Selbstannahme, Selbstbejahung, Selbstrespekt, Selbstbestätigung, Selbstvertrauen, Selbstkontrolle, Selbstkorrektur, Selbstsicherheit, Selbstbewußtsein, Selbstverantwortung, Selbstentfaltung und einige ähnliche (bis hin zu »Selbstbefriedigung« und »Selbstverwirklichung«) sind immer wiederkehrende Schlüsselbegriffe, die auf der Ebene des Individuums für »seelische Gesundheit« ausschlaggebend sind, und im zwischenmenschlichen Bereich (im Interesse »gesunder Beziehungen«) geht es um gleichberechtigte Mitwirkung bei Organisation, Kontrolle, Korrektur und Verantwortung hinsichtlich gemeinsamer Angelegenheiten auf der Basis gegenseitigen Respekts, gegenseitigen Vertrauens, gegenseitiger Achtung, Akzeptanz, Bejahung, Bestätigung, Anerkennung. Kurz gesagt: Das menschliche Gehirn funktioniert dann am besten, gesündesten und erfolgreichsten, wenn individuell die *Selbstbestimmung* und sozial die gleichberechtigte *Mitbestimmung* gewährleistet sind. Die eigenmächtige Einmischung in die inneren Angelegenheiten eines anderen Individuums ist prinzipiell schädlich und störend, die Einmischung (das »Mitmischen«) der einzelnen bezüglich gemeinsamer Angelegenheiten nützlich und bereichernd. Die Funktionsweise des menschlichen Gehirns ist im großen und ganzen recht genau auf die Spielregeln hin angelegt, die in den Verfassungen der modernen freiheitlich-demokratisch-rechtsstaatlichen Gesellschaften (und im Völkerrecht) festgelegt sind – beziehungsweise haben diese Gesellschaften sich so entwickelt, daß ihre formulierten Spielregeln der menschlichen Natur weitgehend gerecht werden. (Diese Regeln müßten nur auch in der Praxis für alle Mitglieder dieser Gesellschaften gelten.)
Ist das »Oben-unten-Denken« durch die Anerkennung der Menschenrechte und die demokratischen (gleichberechtigten)

Organisationsprinzipien aus dem politischen Leben also »eigentlich« verbannt, so wissen wir doch alle, daß es noch immer »Machtmenschen« gibt, also Menschen, die über andere bestimmen wollen, und Menschen, die sich das gefallen lassen, es sogar fordern (etwa indem sie nach einer »starken Hand« verlangen).

Damit kommen wir wieder zu den psychologischen Theorien und dem in ihnen enthaltenen Machtdenken. Zum größeren Teil und hauptsächlich wirkt sich dies nicht zwischen den Menschen aus, sondern in den einzelnen Menschen selbst. Der Einfachheit und Kürze halber greifen wir hierzu eine Frage auf, die immer wieder gestellt wird, wenn Menschen Dinge tun, die allzu stark allem widersprechen, was noch »vernünftig« genannt werden könnte. Die Frage lautet dann, ob der Mensch überhaupt ein »rationales« Wesen sei oder nicht vielmehr von »irrationalen« Kräften beherrscht werde, beispielsweise von »steinzeitlichen Instinkten« oder »unbewußten Trieben«, gegen die der Verstand, die ratio, der »Wille zur Vernunft« und ähnliches letztendlich – wie man ja gerade wieder erlebe – doch keine Chance habe. Noch weiter vereinfacht lautet die Frage, ob das menschliche Verhalten stärker vom Verstand oder von der Seele (der »Psyche«, den »Emotionen« oder »Instinkten«) bestimmt werde. Unabhängig von den einzelnen Formulierungen geht diese Frage von einem Konkurrenzverhältnis zwischen der menschlichen Seele (als Gefühlsinstanz) und dem menschlichen Verstand (als Denkinstanz) aus. Die Frage lautet, wer von beiden »stärker« sei, am längeren Hebel sitze, letztendlich die Entscheidungen treffe, wer von beiden also die Macht innehabe.

Natürlich haben Psychologen auf diese Frage immer wieder Antworten gegeben. Eher »tiefenpsychologische« Theorien sehen – sehr vergröbert gesagt – die Seele an der Macht, die modernen »kognitiven« Theorien sprechen teilweise sehr klar dem Verstand die Macht zu. Auf die meist hochkomplizierten

Einzelheiten dieser Antworten brauchen wir nicht näher einzugehen, ebensowenig auf ihre zahllosen Unterschiede, Gegensätze und Variationen, weil es uns hier auf das Gemeinsame all dieser Antworten ankommt. Alle diese Antworten bestätigen das, wovon die Frage ausging – was kein Wunder ist, sonst hätte sich die Frage so erübrigt –, nämlich ein Konkurrenzverhältnis zwischen Seele und Verstand. Sie alle sehen das Gehirn des Menschen als einen Kampfplatz, auf dem verschiedene Kräfte um die Oberhand ringen, nach Macht und Herrschaft streben, andere Kräfte unterdrücken, verdrängen und überlisten wollen, kurz: Sie alle sehen das menschliche Gehirn als ein extrem unharmonisches, unfriedliches Organ an.

Unseres Wissens gibt es nur ein einziges Modell des menschlichen Gehirns, das den Verstand und die Seele nicht als *konkurrierende* Instanzen ansieht, sondern als *kooperierende*. Sie gelten dort also nicht als Gegner, die darum streiten, wer jeweils »der Boss« ist, sondern gewissermaßen als Kollegen, die im Interesse des Gesamtorganismus *zusammenarbeiten,* ohne sich dabei »in die Quere zu kommen«. – Dies gilt jedenfalls nach diesem Modell als *wohlverstandene* Aufgabe des Gehirns. (Daß die zahlreichen in erster Linie von Psychologen zu verantwortenden *Mißverständnisse* über diese Aufgabe nicht folgenlos bleiben, macht das Versagen dieser »Experten« ja so skandalös.) Das erwähnte sogenannte »Seele/Verstand-Modell« wurde in dem Buch »Zur Vernunft kommen« (1990) begründet. Wir haben dieses »Praxis-Modell« bereits für unser erstes Buch über »harmonische Familienbeziehungen« mit überragendem (wenngleich nicht überraschendem) Erfolg benutzt und so ausführlich dargestellt und mit Beispielen erläutert, daß wir im jetzigen Zusammenhang darauf verzichten können, seine praktische Nützlichkeit zu demonstrieren. Wir beschreiben im folgenden die Grundzüge dieses Modells auch ohne die Absicht, seine theoretische Schlüssigkeit und Genialität zu beweisen. Für die Zwecke des vorliegenden Buches genügt es, die Annahmen des Seele/Verstand-Modells als eine Denkmöglichkeit unter vielen zu präsentieren. Diese Möglichkeit wird dann attraktiv, wenn man nach einer theoretischen Grundlage für das sucht, was realistischer- und vernünftigerweise unter der »Gleichberechtigung der Generationen« verstanden werden kann.

Wir schicken noch eine kleine Warnung voran: Das Seele/Verstand-Modell (S/V-Modell) wurde nicht in einer eigenen Kunstsprache formuliert, sondern ausschließlich in gebräuchlichen Begriffen. Es ist deshalb nicht ganz einfach, den – mindestens zu Beginn naheliegenden – Fehler zu vermeiden, das neue Modell, das man erst einmal kennenlernen will/»muß«, vorschnell mit Elementen aus anderen, gewohnten Modellen zu verwechseln und zu vermischen.

Ausgangspunkt des S/V-Modells ist eine strikte Unterscheidung (nicht Trennung!) zwischen zwei radikal verschiedenen Funktionen des Gehirns, dem Fühlen und dem Denken. Alles Fühlen wird der Seele, alles Denken dem Verstand zugeordnet. Die Seele produziert ausschließlich Gefühle, der Verstand produziert ausschließlich Gedanken. Dabei gelten als Gefühle sowohl rein körperliche Empfindungen – etwa die Schmerzen im Daumen nach einer Verirrung des Hammers – als auch Emotionen wie Angst und Freude, und zwar unabhängig davon, ob sie vom Individuum bewußt wahrgenommen werden oder nicht. Als Produkte des Verstandes gelten alle rein geistigen Tätigkeiten – etwa das Lösen von Rechenaufgaben – und sonstige, nicht nur sprachlich gefaßte, Denkprozesse, ob bewußt oder nicht, einschließlich aller Vorstellungen/Phantasien/Erinnerungen etwa bildhafter Art.

Die Seele kann nur fühlen, nicht denken. Der Verstand kann nur denken, nicht fühlen. Am einfachsten läßt sich die Funktion der Seele beschreiben als die Gesamtleistung des Gehirns abzüglich der Verstandesfunktionen. Damit umfaßt die Seele auch das, was oft »unser tierisches Erbe« genannt wird: die »kreatürlichen« Bedürfnisse des Menschen als Lebewesen ebenso wie seine »instinktiven« Reaktionsmuster. Die Seele ist aber einerseits aktiv, andererseits reaktiv. Aktiv ist sie als Motivationssystem, reaktiv ist sie als Signalsystem. Beiden Systemen gemeinsam ist das Lust-Unlust-Prinzip: Angenehme Gefühle wirken anziehend, unangenehme Gefühle wirken abstoßend. Ob die Seele bestimmte Ereignisse (»Reize« von innen oder von außen) allerdings als angenehm oder als unangenehm empfindet, hängt weitgehend von ihren individuellen Erfahrungen und Erwartungen ab. Die Maßstäbe der Seele sind also grundsätzlich *subjektiv* und *relativ*.

Die Aufgabe des Verstandes ist es einfach, möglichst alles zu verstehen, was einerseits von innen, also von der Seele, andererseits von außen, über die Sinne, in sein System eingespeist wird. »Verstehen« bedeutet unter anderem, logische Zusammenhänge zu erkennen, Ursache-Wirkung-Beziehungen zu durchschauen und beispielsweise die Bedingungen herauszufinden, die erfüllt werden müssen, damit ein bestimmtes (von der Seele gewünschtes) Ereignis Realität werden kann. Weiter gehört dazu, herauszufinden, welche mittel- und langfristigen Folgen bestimmte Ereignisse haben können und wie lange und intensiv bestimmte Handlungen ausgeführt werden müssen, um zu optimalen Ergebnissen zu führen. Mit anderen Worten: Während die Seele, entsprechend dem Lust-Unlust-Prinzip, mit ihren Signalen lediglich eine Bewegungsrichtung und -dringlichkeit angibt, verarbeitet der Verstand alle ihm über die Innen- und Außenwelt zur Verfügung stehenden Informationen mit dem Ziel, die richtige Entfernung und Geschwindigkeit – das richtige Maß – für die jeweilige Handlung zu finden, damit das Gewünschte und Erwartete auch tatsächlich geschieht.

Schon jetzt müßte klargeworden sein, daß der Verstand grundsätzlich und überhaupt nicht die geringste Chance hat, seiner

Tätigkeit nachzugehen, ohne ständig und massenhaft Fehler zu begehen. Schon weil er so viele *Möglichkeiten* zu prüfen hat, sich also mit der Zukunft beschäftigen muß, in der es ja bekanntlich öfters erstens anders kommt und zweitens als er denkt, ist sogar der informierteste und intelligenteste Verstand darauf angewiesen, immer wieder nach dem Prinzip »Versuch und Irrtum« vorzugehen. Er stellt also Vermutungen an, berechnet Wahrscheinlichkeiten und erprobt dies und jenes, bis Fakten eintreten, mit deren Hilfe er seine Fehler erkennen und korrigieren kann – um sogleich die nächsten Irrtümer zu produzieren.

Ganz anders die Seele. Das vielleicht wichtigste Element des Seele/Verstand-Modells besteht in der Aussage, daß die Seele nichts falsch machen, keine Fehler begehen kann. Ihre Signale sind Reaktionen auf innere und äußere Reize, und diese Signale sind zwar subjektiv und relativ, aber unter den jeweils gegebenen Bedingungen sind sie einfach so wie sie sind. Das S/V-Modell nimmt alle Gefühle ausnahmslos als Fakten, an denen es nichts zu kritisieren gibt. Wenn ein Körper fiebert, ist das nicht die Schuld des Thermometers. Gefühle können nur angenehm oder unangenehm, aber nicht richtig oder falsch sein. Die Seele hat gar keine Auswahl unter verschiedenen Möglichkeiten, so daß sie sich da auch nicht falsch entscheiden kann. In der Lebenswirklichkeit außerhalb des S/V-Modells führen natürlich zahlreiche Gefühlsimpulse in die Irre, und viele Gefühle – etwa die normalerweise als »neurotisch« bezeichneten – entstehen überhaupt nur auf der Basis »objektiv falscher« Interpretationen der Realität, aber weil das Modell der Seele ausschließlich subjektive Funktionen zuschreibt, führt es alles, was in diesen Fällen falsch läuft, auf Fehler des Verstandes zurück. Nach dem S/V-Modell gibt es jede Menge *Denkfehler,* aber *Fühlfehler* kann es nicht geben. Es ist die Aufgabe des Verstandes, sämtliche Gefühle nur einfach zu verstehen, auch in ihrer Entstehungsgeschichte, auch hinsichtlich der Rolle, die der Verstand in dieser spielte, und besonders hinsichtlich der Denkfehler, die dem Verstand dabei unterliefen.

Die »Unfehlbarkeit der Seele« im S/V-Modell ist einerseits seine ungewohnteste, andererseits seine fruchtbarste Annahme mit weitreichenden Konsequenzen. Die wichtigste wird »seelische Intimsphäre« genannt und bedeutet, in annähernder Entsprechung zur bekannten »körperlichen Intimsphäre«, daß die gesamte Seele als Privatangelegenheit angesehen wird, die grundsätzlich Respekt beanspruchen kann. Jede Respektlosigkeit, jede unerbetene Kritik von außen – durch den Verstand des Individuums selbst wie durch andere Personen – gilt als Einmischung in ihre inneren Angelegenheiten, als unfreundlicher Akt, als Beleidigung, als Verletzung. Gleichgültig, wie gut solche Einmischungen gemeint sein mögen, sie können unter keinen Umständen etwas Gutes bewirken. Das seelische »Hoheitsgebiet« darf von außen nur auf Wunsch, zumindest mit Zustimmung der Seele »betreten« werden. Ohne diese Zustimmung sind solche Akte grundsätzlich schädigende Grenzverletzungen, Angriffe, Übergriffe, Überfälle, also Kampfhandlungen, die nicht dem Frieden, sondern dem Krieg dienen.

Die Aussage, daß die Seele uneingeschränkten Respekt beanspruchen kann, ist natürlich in Wirklichkeit eine moralische Forderung. Im zwischenmenschlichen Bereich setzt sie einerseits demokratische Beziehungen, andererseits persönliches Wohlwollen stillschweigend voraus. Die »seelische Intimsphäre« ist genaugenommen ebensowenig wie die körperliche eine »Tatsache«, sondern die Konsequenz aus einer solchen. Die körperliche Intimsphäre zu respektieren ist eine Übereinkunft zwischen Menschen, etwa um sich gegenseitig Gefühle der Scham zu ersparen. Die Tatsache, die nach dem S/V-Modell zur Konsequenz der seelischen Intimsphäre führt, ist folgende: Die erste, wichtigste und immerwährende Aufgabe der Seele ist die *Selbsterhaltung*. Damit ist mehr gemeint als die Erhaltung des Individuums (des lebendigen Organismus, der Person) und

die Erhaltung der Art (für die die Seele durch Impulse zur Fortpflanzung zuständig ist). Um für die Erhaltung der Art und die
Erhaltung und Entfaltung des Individuums überhaupt tätig
sein zu können, muß die Seele zunächst einmal *sich selbst* erhalten. Zu diesem Zweck verfügt sie über zahlreiche Selbstvertei-
digungsstrategien und Rückzugslinien, mit denen sie auf
Angriffe reagieren kann, von Trotz und Aggressivität bis zu
Masochismus und Depression. (Hier wären beispielsweise die
von der Psychoanalyse beschriebenen seelischen »Abwehrme-
chanismen« zu nennen.) Die Seele ist also gerade nicht (im
wörtlichen Sinne) »zerbrechlich«, wie etwa in der weitverbreiteten Broschüre der »Aktion Sorgenkind«: *Kinderseelen sind
zerbrechlich* gesagt wird, sondern extrem anpassungsfähig und
deshalb in bestimmten Grenzen durchaus dressierbar, also
»empfänglich« für Belohnungen und Strafen, »Zuckerbrot und
Peitsche« (oder im Sprachgebrauch der besonders in den U.S.A.
viele Jahrzehnte lang dominierenden, hauptsächlich aus Experi-
menten mit Tieren entstandenen »behavioristischen Psychologie«: für »positive und negative Verstärker«).
Zwar ist die Seele nach allen psychologischen Theorien und
Modellen anpassungs- und lernfähig, also nicht eigentlich »zerbrechlich«, aber die genannte Broschüre meint das auch nicht
wörtlich. Was gemeint ist, entspricht recht genau der Aussage
des S/V-Modells, daß die Seele durch jeden Angriff, jede Kritik,
jeden respektlosen Akt zu einer Verteidigungsreaktion gezwungen wird, einfach wegen ihres alles beherrschenden Willens zur Selbsterhaltung. Diese Verteidigungsreaktionen führen
nun mindestens in allen den Fällen zu Deformationen der Seele
selbst, in denen die Angriffe oder Respektlosigkeiten vom
»eigenen« Verstand oder von Menschen stammen, von denen
die Seele Anerkennung und Verständnis erwartet, weil sie ihnen
vertraut und in ihrem Bedürfnis nach Sicherheit (Selbsterhaltung) auf sie angewiesen ist. Nach dem S/V-Modell gilt dies nun
nicht nur für Kinderseelen, sondern für die Seele, für sich allein

betrachtet, schlechthin. Je größer das Vertrauen und die Abhängigkeit der Seele, desto gefährlicher und schädlicher sind für sie alle Akte der Kritik, der Nichtbejahung, der unerbetenen Einmischung. Die Seele für sich genommen – also wenn ihr nicht der Verstand zu Hilfe kommt – fühlt sich durch jede Respektlosigkeit nicht nur beleidigt und verletzt, sondern auch zu Verteidigungsmanövern gezwungen, die ihre ursprüngliche Gesundheit und Kraft auf die Dauer erheblich beeinträchtigen. Nach dem S/V-Modell ist es also grundsätzlich unmöglich, der Seele durch Akte der Nichtannahme, der Verneinung, der unerbetenen Kritik und so weiter auf irgendeine Weise und unter irgendeinem Gesichtspunkt nützlich zu sein. Im Effekt ist das Ergebnis immer nur Schwächung oder Verformung der Seele, eine Störung ihrer ursprünglich optimalen Potenz. »Seelenfreundlichkeit« bedeutet immer, alle Seelensignale im Prinzip zu bejahen, zu achten und zu beachten und sie so gut wie möglich zu verstehen.

In diesem Sinne »seelenfreundlich« zu sein, ist nach dem S/V-Modell natürlich in erster Linie die Aufgabe des Verstandes, der in demselben Gehirn tätig ist wie die Seele. In unserem letzten Buch haben wir ausführlich den Unterschied dargestellt zwischen einem »Mecker-Verstand« und einem »verständigen Verstand«. Für unsere jetzigen Zwecke genügt der Hinweis, daß es heute wahrscheinlich nur sehr wenige Menschen gibt, deren Verstand – nach seinem eigenen Selbstverständnis – die im Sinne des S/V-Modells einzig richtige Rolle spielt, nämlich die des *besten Freundes der Seele*. In der Regel lernt der Verstand heute noch (hauptsächlich in der Kindheit), die Signale »seiner« Seele in »gute« und »schlechte«, vielleicht sogar »böse« (oder »sündige«) zu unterteilen, mindestens aber in »erwünschte« und »unerwünschte«. Die letzteren nimmt er dann nicht mit Achtung und Verständnis auf, sondern mit Kritik. Er folgt damit zwar nur den »Informationen«, die er erhalten hat, aber

er ist dann eben nicht Freund, Verbündeter, Werkzeug (»Denkzeug«) seiner eigenen »Kollegin«, sondern Handlanger der ebenso »seelenfeindlichen« Außenwelt und damit gesundheitsschädlich, unfriedlich, machtorientiert und im übrigen nicht auf der Höhe der Zeit: Die »Menschenrechte«, die »Würde des Menschen«, die »freie Entfaltung der Persönlichkeit« und viele andere in modernen Verfassungen verankerten Garantien für den Respekt vor der *Subjekthaftigkeit* des Individuums hat der so programmierte Verstand in ihrem Wesenskern nicht verstanden. Er möchte Organisationsprinzipien und ethisch-moralische Kriterien, die nach dem S/V-Modell in seinen eigenen Zuständigkeits- und Verantwortungsbereich gehören, in das »Hoheitsgebiet« der Seele verlagern (wiederum: weil er es so gelernt hat), zerstört damit aber das ansonsten mögliche »geistig-seelische Gleichgewicht«, die »innere Harmonie«, den »inneren Frieden«. Diese sind jedoch nicht nur die Voraussetzung für den äußeren Frieden, sondern auch dafür, daß die demokratische Lebensform in allen Bereichen tatsächlich funktioniert und daß die ungeheuren Möglichkeiten des freien menschlichen Geistes, des nicht von seelischen Problemen weitgehend in Beschlag genommenen Verstandes, zum Zuge kommen können. (Daß der »Seelenfrieden« die Bedingung dafür ist, daß der Mensch und die Menschheit »zur Vernunft kommen« kann, ist in dem gleichnamigen Buch ausführlich und mit, wie wir meinen, »zwingenden« Argumenten begründet worden.)
Die Aufgabe des Verstandes im S/V-Modell ist, ganz kurz gesagt, die eines »Werkzeugs der Seele«. Die Seele ist das Zentrum der Subjektivität und sendet ständig Signale, die ihre Befindlichkeit und ihre Wünsche ausdrücken. Sind diese Signale stark genug, ist es Aufgabe des Verstandes, sie als *Auftrag* aufzufassen und in der Wirklichkeit Möglichkeiten zu suchen, die Wünsche der Seele so gut es geht zu erfüllen. Der Verstand nutzt sein Vorstellungsvermögen (und seine Erinnerungen), um

Wege zu finden, der Seele möglichst viel Lebensfreude zu verschaffen (und natürlich, ihr möglichst viel unnötiges Leiden zu ersparen).

Obwohl weitere Einzelheiten für das Thema dieses Buches nicht wichtig sind, möchten wir für Leserinnen und Leser, die das S/V-Modell noch nicht kennen, einem Mißverständnis zuvorkommen. Es ist nicht Aufgabe des Verstandes, alle Wünsche der Seele umstandslos zu erfüllen. Er hat sie nur zu verstehen. Ob diese Wünsche zu Handlungen führen, hängt von der Realitätsprüfung durch den Verstand ab. Dazu gehört beispielsweise auch, daß der Verstand (mittels der Phantasie) der Seele »vor Augen führt«, welche mittel- und langfristigen Folgen bestimmte Handlungen haben könnten, die die Seele von sich aus nicht erkennen kann. Beispielsweise signalisiert die Seele trotz ausreichender Nahrungsaufnahme eine starke Lust auf Essen, woraufhin der kluge Verstand die Seele durchaus an ihren Wunsch erinnern kann, einen nicht zu übergewichtigen Körper zu haben. Die vom Verstand vorweggenommene Vorstellung davon, wie sich die Seele erfahrungsgemäß nach der jetzt als lustvoll angestrebten Freßorgie fühlen wird, kann der Seele im Idealfall »den Appetit verderben«. Das bedeutet aber nicht, daß der Verstand jemals »das Kommando« haben könnte. Was geschieht, hängt einfach davon ab, ob der eine oder der andere Wunsch (Essen oder Schlankheit) in der jeweiligen Situation größer ist. Der Verstand kann der Seele nicht die Entscheidungsmacht abnehmen (nach dem S/V-Modell tut ein Individuum überhaupt nichts ohne Zustimmung der Seele), aber je nachdem, wie klug und phantasievoll der Verstand ist und wie stark die Seele ihm vertraut, hängt es weitgehend von seinem Beitrag ab, welcher Wunsch der Seele im Augenblick der stärkere sein wird. – Dieser Zusammenhang ist nach unserer Erfahrung für viele Menschen schwer zu verstehen oder zu akzeptieren. Vermutlich liegt das an dem weitverbreiteten Konzept der »Willenskraft«: »Wille« ist nach dem S/V-Modell ein

»Mischbegriff« (von denen es in der gewohnten Sprache sehr viele gibt). Wahrscheinlich wird in der Phase der »guten Vorsätze« dem Verstand »die Macht« zugesprochen, und das erweist sich dann im Falle des Falles als Illusion. Menschen, die solche Vorsätze tatsächlich einhalten und sich als »willensstark« erleben, sind nach dem S/V-Modell solche, bei denen die Seele es gewohnt ist, sich im Zweifelsfall lieber nach der weitsichtigeren, »vernünftigeren« Lust zu richten, nämlich das sonst drohende Gefühl der Reue mehr zu fürchten als Menschen, deren Seele von einem Verstand beraten wird, der ihr das Ausleben kurzsichtiger Impulse als »Spontaneität« positiv darstellt oder ihr sogar eine »Sucht« zuschreibt, der zu »erliegen« ihre einzige Möglichkeit sei, weil sie eben diese »Krankheit« habe.

Dieser kleine Exkurs sollte nur das Mißverständnis vermeiden helfen, das S/V-Modell weise dem Verstand lediglich eine blind ausführende Rolle zu. Richtig verstanden ist dieses Modell erst, wenn die *Zusammenarbeit* von Seele und Verstand ganz ernstgenommen wird und das ständige *Wechselspiel* zwischen beiden Instanzen die gebührende Beachtung findet. Wir sind sogar der Meinung, mit einer Kleinigkeit an gedanklicher Großzügigkeit von der *Gleichberechtigung* der Seele und des Verstandes sprechen zu können. Nach dem S/V-Modell hat zwar die Seele immer und unter allen Umständen die letztendliche Entscheidungsmacht über sämtliche Handlungen des Individuums, und dem Verstand wird eindeutig eine der Seele dienende Funktion zugewiesen. Trotzdem wäre es falsch, der Seele eine größere Macht zuzusprechen als dem Verstand. Denn die Seele kann nur fühlen, nicht denken. Zwar sind es seelische Gefühlsimpulse, die alle möglichen Handlungsmotivationen verursachen und auch alle möglichen Handlungsprogramme letztendlich freigeben – beides in der überwiegenden Zahl der Fälle natürlich vollständig unbewußt –, aber auf der anderen Seite und gleichzeitig bestimmt beim Menschen die Tätigkeit des Verstandes sehr weitgehend, welche Gefühle die Seele produziert. Ohne einen anderen seelischen Grund als den Wunsch, den Gedanken dieses Buches noch eine Seite weiter folgen zu wollen, können Leserinnen und Leser unsere rein gedankliche Anregung aufgreifen und gleich für einige Zeit die Phantasie ihres Verstandes intensiv auf eine Vorstellung richten, von der sie wissen, daß sie bei ihnen bestimmte Gefühle auslöst; sei es Wohlbehagen (eine Blumenwiese mit Vogelzwitschern in einem Urlaubsgebiet), sei es Ekel (eine ausgekotzte Pizza mit säuerlichem Bierdunst an einer dunklen Straßenecke), sei es Scham (die möglichst frische Erinnerung an eine nach den eigenen Maßstäben schändliche Handlung), sei es Vorfreude (der Gedanke an ein in Aussicht stehendes, mit einiger Sicherheit beglückendes Ereignis), sei es sexuelle Erregung (zumindest in Maßen erreichbar durch bestimmte bildhafte oder akustische Vorstellungen »einschlägiger« Art): Im Prinzip kann sich der Mensch, wenn seine Seele nicht anderweitig zu beschäftigt ist, jedes beliebige Gefühl »machen«, einfach indem er sich den erfahrungsgemäß dazu passenden Phantasien intensiv genug widmet, sich die entsprechenden »Gedanken macht«, also seine Seele den Vorstellungen aussetzt, von denen sein Verstand aus Erfahrung weiß, daß sie mit diesem oder jenem Gefühl reagieren wird.

Der Zusammenhang, den diese Übung regelmäßig bestätigt, hat viele »kognitive« Psychologen zu der Ansicht verführt, der Verstand habe grundsätzlich Macht über die Seele, und alle Gefühle seien lediglich Reaktionen auf Gedanken. Dies ist jedoch offensichtlich eine Übertreibung, die Verabsolutierung einer (wie wir finden: sehr bedeutenden) Teilwahrheit. Sie übersieht die vielen auch beim Menschen vorhandenen *instinktiven*, also genetisch verankerten Gefühlsreaktionen, etwa die Schreck- und Angstreflexe, und kann schon deshalb nicht stimmen, weil diese Theorie keine Antwort auf die Frage hat, wie denn die vielen Gefühle, die kleine Kinder deutlich genug zum Ausdruck bringen, verursacht worden sein sollen.

Allerdings möchten wir nicht verschweigen, daß auch nach dem S/V-Modell viele Signale der Seele automatische Reaktionen auf Gedanken sind, außerdem auf alle möglichen äußeren Ereignisse *und* deren gedankliche Interpretationen, wobei diese Interpretationen keineswegs bewußte Gedanken sein müssen, sondern in der überwiegenden Mehrzahl der Fälle völlig unbewußte, routinemäßige, selbst automatisch ablaufende Bearbeitungsprozesse des Verstandes darstellen. Einige der modernen »kognitiven« Therapien bieten denn auch hochwirksame Methoden an, um ungünstige gewohnheitsmäßige »Denkmuster« und »Gedankensysteme« zu erkennen und bewußt so zu verändern, daß zukünftige Ereignisse bereits auf eine völlig andere »Wahrnehmung« (durch Seele und Verstand) treffen – was zu ermöglichen übrigens auch der Zweck des vorliegenden Buches ist.

Trotzdem müssen wir darauf bestehen, daß der Verstand – bei aller Macht der Gedanken »zwischendurch« – im Gehirn niemals wirklich das erste und auch niemals das letzte »Wort« spricht, sondern daß dies die Seele tut. Wenn die Seele nicht »will«, funktioniert auch das »positivste« Denken nicht. Wäre das anders, wäre es völlig unbegreiflich, warum es trotz der massiven Propaganda, die seit vielen Jahren für das »positive Denken« gemacht wird, noch so viele Menschen gibt, die unzufrieden und unglücklich sind und andere Menschen unzufrieden und unglücklich machen. (Aber das nur nebenbei.)

Wir können jetzt zusammenfassen und zur »Pointe« dieses Kapitels kommen (die allerdings kaum noch überraschend sein wird).

Das Seele/Verstand-Modell erklärt die Funktionsweise des menschlichen Gehirns mit Hilfe einer künstlichen Unterscheidung zweier »Instanzen«, die in der Lebenswirklichkeit zwar nur sehr schwer »auseinanderzudividieren« sind – nicht zuletzt deshalb, weil die normale Sprache nicht die dafür nötigen Begriffe zur Verfügung stellt, sondern von »Mischbegriffen« nur so wimmelt –, die aber dennoch üblicherweise von nieman-

dem wirklich »in einen Topf« geworfen werden: Der Unterschied zwischen dem Fühlen und dem Denken ist allgemein geläufig. Der »Kunstgriff« des S/V-Modells besteht nun darin, den Streit zu beenden, welche der beiden Instanzen die Vorherrschaft innehat. Die Seele tut das ihre, der Verstand tut das seine. Beide Instanzen sind außerordentlich mächtig, aber sie sind so unabdingbar aufeinander angewiesen, daß es keinen Sinn macht, sie als Konkurrenten anzusehen. Vielmehr besteht die vernünftigste Konsequenz darin, alles zu unterlassen, was ihrer optimalen Kooperation im Wege stehen könnte. Die Seele hat zwar das erste und das letzte Wort, aber das nützt ihr wenig, wenn der Verstand es nicht versteht. Damit die Seele ihre volle Lebenskraft behalten und der Verstand alle seine ungeheuren Möglichkeiten entfalten kann, muß eben diesem Verstand klargemacht werden, daß er seinen »Job« verfehlt, wenn er sich der Seele überlegen wähnt und irgendwelche Fehler bei ihr sucht, statt bei sich selbst. Es muß dem Verstand als logisch zwingend einleuchten, daß für die wichtigsten Dinge des Lebens, individuelles und gemeinschaftliches Wohlgefühl, Glück, Eintracht, Fairneß, Liebe und dergleichen die Seele zuständig ist und er nicht besser »wissen« kann als sie, was für sie gut ist. Der Verstand, der das nicht einsieht, wird von der Seele dadurch »bestraft«, daß sie ihn nicht frei seine Arbeit tun läßt, sondern ihn für all die Probleme in Dienst nimmt, die er ihr verursacht. Man sieht schon, wir verwickeln uns hier in heillose Widersprüche, wenn wir versuchen, den Verstand bei einem Gefühl zu »packen« (etwa dem Ehrgeiz), oder wenn wir versuchen würden, der Seele verständlich zu machen, daß sie den Verstand nun endlich in seine Schranken weisen soll. Das S/V-Modell kann niemandem »aufgedrängt« werden. Die Seele muß wohl ziemlich neugierig sein und auch den Wunsch haben, stolz sein zu können auf einen »verständigen Verstand«, damit das S/V-Modell eine Chance hat, verstanden zu werden.
Oder die Seele muß genügend Liebe spüren, hier jetzt nicht

»Liebe zur Weisheit«, sondern Liebe zu einem Kind. Dann ist es möglich, daß sie den Verstand motiviert, die »Pointe« dieses Kapitels wirklich zu verstehen (nach so viel Denkarbeit wie eben nötig ist). Wir können das kurz fassen und sagen: Siegfried Bernfelds »Entwicklungstatsache« gilt für den Körper und für den Verstand, nicht aber für die Seele. *Hinsichtlich der Seele sind Kinder und Erwachsene gleich.* Nach dem S/V-Modell ist die Seele bereits des Neugeborenen schlicht und einfach perfekt. Sie verdient Respekt, Achtung, Beachtung, Verständnis wie jede andere Seele auch (der Wohlwollen entgegengebracht wird). Natürlich gibt es seelische Unterschiede zwischen den Menschen, zum Beispiel die berühmten verschiedenen Geschmäcker, aber darin sind alle Menschen gleich – und deshalb vernünftigerweise gleichberechtigt –, daß sie jeweils nach ihrem eigenen Geschmack »selig« werden wollen. Nicht nur Männer und Frauen, sondern auch Männer untereinander und Frauen untereinander weisen hinsichtlich ihres Denkens und hinsichtlich ihres Fühlens eine riesige Menge an Unterschieden auf, ohne daß diese Unterschiede einen Anlaß böten, sie als nicht gleichberechtigt anzusehen. Das Seele/Verstand-Modell macht es nun möglich, alle Besonderheiten von Kindern, die bisher zu ihrer »ganzheitlichen« Benachteiligung führten, ausschließlich dem Verstand zuzurechnen und der Seele des Kindes die gleiche Hochachtung zu zollen, die auch ein Erwachsener für seine Seele erhofft, sogar beansprucht (andernfalls er wegen Beleidigung, Nötigung und desgleichen Klage erheben kann). Einschränkungen des kindlichen Bewegungsspielraumes, die wegen der Unzulänglichkeiten des kindlichen Verstandes (hauptsächlich das mangelhafte Wissen über die Folgen vieler Handlungen) als nötig angesehen werden, berühren demnach die grundsätzliche Gleichberechtigung der Generationen ebensowenig wie auf der Ebene der Geschlechter etwa Örtlichkeiten, zu denen Angehörigen des jeweils anderen Geschlechtes der Zutritt untersagt ist. Mit genügend Phantasie lassen sich für alle »ordnungspolitischen« oder einfach organisatorischen Probleme Lösungen finden, die nun nicht »das Kind mit dem Bade ausschütten« (etwa Kinder zu »kleinen Erwachsenen« deklarieren und ihnen damit gerade ihr Recht auf ihre eigenständige Lebensweise absprechen) und sie trotzdem als in der Hauptsache (also seelisch) vollwertige *Mitmenschen* akzeptieren.

Es ist uns bewußt, daß wir hier sehr anspruchsvolle und langfristige Entwicklungen andeuten, die viele zusätzliche Arbeiten erforderlich machen. Wir wollten diesen eher »politischen« Aspekt aber wenigstens angesprochen haben und sind der Meinung, daß das Seele/Verstand-Modell eine sichere Grundlage für die Bewältigung vieler Schwierigkeiten anbietet, die gegenwärtig noch nach kaum mehr verantwortbaren Traditionen angegangen werden, nicht nur zum Nachteil der »Klasse« der Kinder, sondern in Wahrheit zum Schaden der gesamten Gesellschaft.

Vom Machtdenken zum Mitdenken

Fallgeschichten mit Hintergründen

In diesem Kapitel schildern wir zunächst zwei einfache Szenen aus dem Alltag zwischen Kindern und Eltern. Dabei beschreiben wir nicht nur das sichtbare Geschehen, sondern auch die Gefühle und, besonders ausführlich, die Gedanken und gedanklichen Hintergründe der beteiligten Erwachsenen in jeweils zwei Varianten.

1. Säuglingsfütterung

Ein Säugling und seine Eltern, mitten in der Nacht. Wie üblich erwacht der Säugling und weint. Die Mutter weckt, wie für heute verabredet, den Vater. Der Vater steht auf, bereitet das Fläschchen, reicht es dem Kind. Nachdem das Baby satt ist, schläft es wieder ein, auch der Vater legt sich wieder ins Bett.

Variante A
Nach mehrfachem Rütteln erwacht der Vater widerstrebend. Er ist ärgerlich, fühlt aufkeimenden Zorn. Bei der gestrigen Verabredung hatte er gehofft – an die Möglichkeit gedacht –, das Baby würde diesmal durchschlafen. Also ist er enttäuscht. Aber er erinnert sich an seine Zusage, quält sich motzend aus den Federn. Er denkt an den schweren Arbeitstag, der ihn erwartet, und an den Schlaf, der ihm jetzt verlorengeht und morgen fehlen wird. Bevor er das Fläschchen richtet, stopft er dem schreienden Säugling einen Schnuller in den Mund. Er fühlt sich provoziert und verärgert, weil das Kind nicht sofort verstummte, als er sich ihm zeigte. Er versteht das Schreien als

Machtdemonstration und fürchtet, damit nicht so gut »fertig zu werden« wie seine Frau. Während er das Fläschchen richtet, spuckt das Baby den Schnuller aus und schreit lauter als zuvor. Der Vater ist empört. Er denkt etwa: »Dieses rücksichtslose Baby! Mit seinem Schreien terrorisiert es seine Eltern nach Lust und Laune. Wo soll das noch hinführen ...« Den Hintergrund dieser Gedanken bildet die Überzeugung des Vaters, daß man Kindern schon von Anfang an nicht »ihren Willen lassen« darf, wenn man erreichen will, daß sie die Autorität der Erwachsenen respektieren und daran gewöhnt werden, sich mit dem zufriedenzugeben, was sie bekommen. Je eher Kindern beigebracht wird, »wer das Sagen hat«, desto schneller und besser gehorchen sie, lernen sie Rücksichtnahme, Warten, Dankbarkeit, Ordnung und vieles andere, was für ein harmonisches Zusammenleben der Menschen einfach nötig ist. Diese Überzeugung des Vaters hat ihrerseits einen gedanklichen Hintergrund, nämlich die Annahme, der Mensch sei von Natur aus egozentrisch, asozial, aggressiv, machtgierig und dergleichen (moralisch gesprochen: böse), so daß ihm letztendlich viele seiner natürlichen Eigenschaften »ausgetrieben« und andere, sozialverträgliche (moralisch: gute), angewöhnt, wenn nicht sogar »eingebleut« werden müßten.

Weil es noch etwas dauert, bis das Fläschchen die richtige Temperatur hat, eilt der Vater zum Kinderbett, zischt das Baby an, gefälligst ruhig zu sein, greift wieder nach dem Schnuller. Das Baby verstummt tatsächlich, vielleicht erschrocken, vielleicht nur irritiert, vielleicht auch zufrieden darüber, daß überhaupt etwas geschieht, was irgendwie sein Fläschchen anzukündigen scheint. Zwar schiebt das Baby den Schnuller gleich wieder aus dem Mund, es blickt dabei aber den Vater aufmerksam an und weint nicht. Der Vater fühlt sich erleichtert und in seinen Annahmen bestätigt. Als das Kind dann im Bettchen liegend trinkt, empfindet der Vater Sympathie und Stolz, denkt aber gleichzeitig wieder an seinen unterbrochenen Schlaf und ist sauer auf seine Frau, die sich hat einreden lassen, daß es falsch sei, Babys einfach durchschreien zu lassen, um sie an einen akzeptablen Fütterungsrhythmus zu gewöhnen. Währenddessen beobachtet der Vater sein trinkendes Kind, mit wachsender Ungeduld, als das Saugen langsamer wird. Er zieht das Fläschchen etwas zurück, und wirklich trinkt das Kind sofort mit mehr Energie. Der Vater denkt etwa: »Na also, man muß so ein Wesen nur richtig handhaben, dann funktioniert es genau so, wie man selbst das will.« Als das Fläschchen leer ist, zischt der Vater: »Und jetzt wird wieder geschlafen!« Würde er das Kind hochnehmen, auf das »Bäuerchen« warten oder gar die Windel wechseln, denkt der Vater, würde er es »einreißen lassen«, daß das Kind sogar in der Nacht noch nach Unterhaltung und Spielen verlangt. Tatsächlich gibt sich das Kind zufrieden, und der Vater legt sich wieder zu Bett in dem Gefühl, seiner Frau einen großartigen Dienst erwiesen zu haben. Dieses angenehme Gefühl wird jedoch durch den doppelten Zweifel gestört, ob es richtig war, dem Schreien des Babys nachzugeben, und ob er dadurch nicht gleichzeitig auch seine Frau daran gewöhnen würde, ihn immer mehr für die Kinderpflege »einzuspannen«. Bevor er wieder einschläft, faßt er den festen Entschluß, sich die eben erledigte Aufgabe nicht so bald wieder aufschwatzen zu lassen. Er hat jetzt oft genug bewiesen, daß er »es« kann und daß er ein hilfsbereiter Vater ist, aber Frauensache ist schließlich Frauensache.

Variante B
Schon nach dem ersten Kuß ist der Vater hellwach, weil er das Weinen des Babys verabredungsgemäß als direkten Hilferuf versteht. Er hatte sich schon abends auf diese Situation eingestellt und freut sich über die Gelegenheit, seinem Kind etwas Gutes tun zu können. Das Weinen ist für ihn keine Machtdemonstration, sondern einfach eine Information. Der Vater begrüßt das Kind, redet beruhigend mit ihm, testet, ob es hoch-

genommen werden möchte. Mit dem Kind auf dem Arm richtet er das Fläschchen und erklärt jeden seiner Handgriffe. Das Baby schwankt zwischen munterer Aufmerksamkeit und greinender Hungrigkeit. Der Vater fühlt währenddessen weder Ärger oder Zorn noch Liebe oder »Vaterglück«, allenfalls das Gefühl von Richtigkeit bei einer verantwortungsvollen Beschäftigung. Auch das Verhalten des Babys erscheint ihm richtig, er macht sich also »keine Gedanken«. Den Hintergrund dieser Gelassenheit bildet das Selbstverständnis dieses Vaters während der ganzen Szene, in der er sich empfindet und versteht als jemand, der ziemlich genau dem Klischee des englischen *Butlers* entspricht: als selbstbewußter Dienstleistender, der mit ruhiger Sachlichkeit alles Erforderliche tut, um seine »Herrschaft« zufriedenzustellen. Diese Orientierung halten seine Frau und er immer dann für angemessen, wenn es um reine Pflege- und Versorgungshandlungen geht, insbesondere wenn sie ihrem »Chef« nicht das Mißverständnis nahelegen wollen, sie hätten jetzt noch Zeit oder Neigung für darüber hinausgehende Beschäftigungen. Die Voraussetzung für diese Orientierung (sich dem Säugling gegenüber wie ein »Butler« zu verhalten) ist die Überzeugung, daß Eltern und Kindern grundsätzlich die gleiche »Autorität« zukommt: Beide haben jeweils in ihrem Zuständigkeitsbereich (ihren Rollen entsprechend) »das Sagen«, und insofern das elterliche Wohlgefühl davon abhängt, daß die Kinder sich wohlfühlen, sehen sich die Eltern nicht als für das Objekt Kind verantwortlich an, sondern als dem Subjekt Kind gegenüber verantwortlich. Auch für sie ist es kein Vergnügen, eine Zeitlang nachts nicht durchschlafen zu können, aber wenn sie sich nachts »gestört« fühlen, denken sie sofort daran, daß schließlich auch ihr Baby »gestört« wurde (durch seinen Hunger), und daß es wegen seiner natürlichen Machtlosigkeit das Recht haben muß, von ihnen künstlich als »Machthaber« (»Bestimmer«) anerkannt zu werden. Die Grundannahme dieser Eltern über das ursprüngliche Wesen des

Menschen ist selbstverständlich positiv: Ob als Geschöpf Gottes oder als Ergebnis der Evolution, sehen sie das Kind nicht als nachbesserungsbedürftigen »Pfusch« an, sondern als perfekten lebendigen Organismus mit der gleichen einzigartigen Subjektivität, die sie sich selbst zuschreiben, und die bei allen Menschen auf Anerkennung und Ergänzung angewiesen ist, je nach der Rolle, in der sie sich gerade befinden.

Als das Fläschchen fertig ist, setzt sich der Vater auf einen Stuhl, das Baby trinkt in seinen Armen liegend. Auch dieser Vater regt das Kind an, das Fläschchen zügig leerzutrinken, aber er denkt dabei etwa: »Man muß seinen Chef nur gut genug kennen, dann kann man ihn problemlos zufriedenstellen.« Er trägt das Kind noch kurz herum, redet ruhig und bestimmt vor sich hin, daß er gleich auch wieder schlafen wird, weil er sooo müde ist, durchaus entschlossen, sich jetzt zu nichts anderem animieren zu lassen. Auch dieses Kind gibt sich tatsächlich zufrieden, und der Vater legt sich wieder zu Bett in dem Gefühl, erfolgreich eine Pflicht erfüllt zu haben, die in aller Selbstverständlichkeit zur Vaterschaft dazugehört. Bevor er wieder einschläft, denkt er dankbar an seine Frau und sein Kind, die ihn nicht aus ihrer Zweisamkeit ausschließen und nur als Geldverdiener akzeptieren, sondern ihm die Möglichkeit geben, sich auch konkret und nah nützlich zu machen und sich als aktives, vertrautes, teilnehmendes, als echtes Familienmitglied zu fühlen.

2. Ein Rettungsakt

Ein kleines Kind und seine Mutter im Straßenverkehr. Aus unbekanntem Grund läuft das Kind auf die Fahrbahn. Die Mutter erkennt, daß sich das Kind in Lebensgefahr befindet, stürzt hinter ihm her, reißt es gewaltsam aus der Gefahrenzone, nimmt es dann trotz seines Sträubens auf den Arm und trägt es,

noch immer in höchster Erregung, zurück zum Bürgersteig.
Die beiden Varianten setzen unmittelbar nach dieser Szene ein.

Variante A
Die Mutter, eben noch fast besinnungslos vor Schreck und rein
instinktiv reagierend, fühlt sich jetzt von einer Welle des Zorns
übermannt. Grob stellt sie das Kind ab und prügelt hemmungslos auf es ein. Ihre Gedanken sind vollständig darauf gerichtet,
daß ihr Kind so etwas unter keinen Umständen noch einmal
tun darf. Sie muß, so fühlt und denkt die Mutter, dem Kind
seine Unvorsichtigkeit endgültig austreiben. Später wird sie
sagen, daß ihre Wut eigentlich nicht dem Kind galt – denn das
liebt sie von Herzen –, sondern eben dieser Unvorsichtigkeit,
für die sie, die Mutter, sich mitverantwortlich fühlte, weil sie ihr
Kind ja erwiesenermaßen nicht streng genug dazu erzogen
hatte, im Straßenverkehr immer und unter allen Umständen an
ihrer Seite zu bleiben, auch wenn sie, wie eben, seine Hand einmal kurzzeitig loslassen mußte, um etwas in ihren Taschen zu
suchen.
Das kleine Kind, das die Zusammenhänge nicht durchschaut,
schreit wie am Spieß. Nach einer Weile nimmt die Mutter die
Blicke einiger Passanten wahr, richtet sich abrupt auf, packt das
schreiende Kind am Arm und zerrt es mit sich fort. Sie ist noch
immer voller Empörung und schimpft das Kind mit lauter
Stimme aus. Sie habe ihm oft genug verboten, auf die Straße zu
laufen, wenn es das noch einmal tue, könne es was erleben. Sie
sei sehr böse auf das Kind, schreit die Mutter, und es solle sofort
mit dem Schreien aufhören, sie werde abends alles dem Papa
erzählen.
Das Kind schreit weiter, verschluckt sich, hustet, drängt sich,
als die Mutter stehenbleibt, hilfesuchend an sie. Die Mutter
weiß nicht, was sie machen soll. Einerseits spürt sie Mitleid mit
dem verzweifelten Kind, und ein genauer Beobachter würde
sogar eine sentimentale Befriedigung darüber erkennen, daß

das Kind ihr jetzt vollständig und widerstandslos ergeben ist, aber andererseits erinnert sich die Mutter an einen nicht lange zurückliegenden Vorfall, als das Kind schon einmal unkontrolliert auf die Straße gelaufen war, seiner Oma entgegen. Damals war allerdings weit und breit kein Auto in der Nähe, so daß sie das Kind nur halbherzig gezüchtigt hatte. Deshalb fühlt sich die Mutter jetzt zu mitleidloser Konsequenz und Strenge verpflichtet. Schließlich ist sie für das Kind verantwortlich, besonders gegenüber ihrem Mann. Als das Kind, noch immer schluchzend und wimmernd, seine Ärmchen zu ihr emporstreckt, nimmt sie es unwirsch hoch und überlegt fieberhaft, ob es überhaupt eine gute Idee war, die ganze Sache seinem Vater erzählen zu wollen. Denn der würde natürlich ihr die Schuld geben, weil sie nicht aufgepaßt hatte. Obwohl, auf der anderen Seite half er ihr meistens bei der Erziehung. Mit Rührung denkt sie an einige Szenen, wo sie beide dem Kind abwechselnd ein paar energische Klapse verabreichten, als es mit seinem Essen spielte oder sich sonstwie falsch benahm. Die Mutter wußte nur im voraus nie genau, ob der Vater wieder mit ihr »an einem Strang ziehen«, oder ob er ihr vorwerfen würde, »ihr« Kind zu milde oder zu streng zu behandeln. Als die Mutter spürt, wie ihr Kind sich an sie klammert, fühlt sie kurzzeitig eine heftige Sympathie zu dem kleinen Wesen, eine Art Solidarität, weil sie im Grunde beide der Willkür des Familienoberhauptes ausgeliefert waren. Zärtlich wischt sie dem Kind die Tränen ab und verspricht ihm, dem Papa nichts zu erzählen, wenn sie sicher sein könne, daß es so etwas nie wieder tun würde. Als das kleine Kind daraufhin wieder zu wimmern beginnt, zerreißt das Band ihrer Gemeinsamkeit sofort, die Mutter herrscht das Kind an, es solle sich zusammennehmen, endlich Ruhe geben, ihr nicht den letzten Nerv rauben.

Das Kind äußert den Wunsch, heruntergelassen zu werden. Obwohl die Mutter gerade dieselbe Idee gehabt hatte, weil das Kind ihr recht schwer geworden war, nutzt sie die Gelegenheit und erklärt mit fester Stimme, daß ihm das so passen könne, aber sie werde es erst genau dann absetzen, wenn sie selbst das für richtig halte, und falls es jetzt noch einen Mucks mache, werde es sein blaues Wunder erleben. Das Kind bleibt stumm. Den gedanklichen Hintergrund für das Verhalten der Mutter bildet die Überzeugung, daß Eltern ihre kleinen Kinder vor den Gefahren des Lebens schützen müssen, indem sie strikten Gehorsam verlangen und notfalls mit Gewalt durchsetzen. Bei dieser Überzeugung spielt es keine Rolle, ob der Mensch als von Natur aus »gut«, »böse« oder sonstwie angesehen wird; entscheidend ist, daß kleine Kinder einfach als »dumm« gelten, als unfähig, bestimmte Gefahren zu erkennen und entsprechend vorsichtig zu sein. Solange also Kinder zu klein oder verstandesmäßig unterentwickelt sind, als daß ihnen diese Gefahren erfolgreich erklärt werden könnten, müssen sie durch konsequente Dressur von einigen wirklich gefährlichen Tätigkeiten abgeschreckt werden, und natürlich ist diese Abschreckung am wirksamsten, wenn die Kinder »gar nicht erst auf dumme Gedanken kommen«, sondern bei allem, was sie vorhaben, erst einmal einen Erwachsenen informieren und um Erlaubnis fragen.

Eltern mit dieser Überzeugung sind nicht notwendigerweise machtgierig und suchen nur einen Vorwand, um ihre Machtlust zu rechtfertigen. Viele Eltern sehen einfach keinen anderen Weg, um ihre Kinder zu schützen. Sie achten auch darauf, die Freiheit, Kreativität, Abenteuerlust ihrer Kinder nicht komplett auszurotten. Im Gegenteil fördern sie die Eigenaktivitäten der Kinder, allerdings nur unter kontrollierten Bedingungen. Da Kinder nach dieser Überzeugung nicht in der Lage sind, kontrollierte und unkontrollierte Bedingungen von sich aus zu unterscheiden, sind solche Eltern gezwungen, ihre Kinder durchgängig zu »regieren«, ihr gesamtes Leben durch Verbote und Erlaubnisse zu regeln. Auf der Grundlage dieser Überzeugung können und dürfen Kinder und Erwachsene nicht als gleichberechtigt angesehen werden, weil nur die elterliche Vormachtstellung den Schutz der Kinder sicherstellen kann. In der Theorie heißt es dann, Kinder würden gerne auf einige »Freiheitsgrade« verzichten, um dafür »in Sicherheit« zu leben. Unbeachtet bleibt dabei, welche Folgen es für die (geistig-seelische) *Selbstsicherheit* der Menschen hat, wenn sie gerade in jungen Jahren dazu gezwungen werden, ihre eigenen Bedürfnisse ausgerechnet den Personen unterzuordnen oder sogar aufzuopfern, die ihnen am nächsten stehen, die sie am meisten lieben, denen sie vertrauen, von deren Wertschätzung sie am meisten abhängig sind.

Variante B
Die Mutter, eben noch fast besinnungslos vor Schreck und rein instinktiv reagierend, fühlt sich jetzt von einer Welle des Glücks übermannt. Dankbar drückt sie das Kind an sich und weint hemmungslos. Die Vorstellung, in welcher Gefahr ihr Kind geschwebt hatte, wirkt noch lange in ihr nach, aber schnell bemerkt sie außerdem, daß es selbst, die Zusammenhänge nicht durchschauend, sehr irritiert und unglücklich ist. Die Mutter lehnt sich, das Kind im Arm, an eine Hauswand, um sich zu erholen und das Kind so gut es geht zu trösten. Als sie ihm die Tränen abzuwischen versucht, versucht das Kind das gleiche bei ihr. Die Mutter spricht vor sich hin, wie knapp das war, wie leid es ihr tut, daß sie dem Kind diesen Schreck nicht ersparen konnte, wie gut sie versteht, daß ihr Gewaltakt das Kind erschreckt hat, wie erleichtert sie trotzdem ist, daß sie das Kind retten konnte, wie traurig sie gleichzeitig ist, ihm nicht begreiflich machen zu können, was überhaupt vorgegangen war. Nach einer Weile fragt die Mutter, ob sie weitergehen sollen, das Kind nickt und nennt das Geschäft, zu dem sie unterwegs waren. Bald darauf hat sich das Kind vollends beruhigt und möchte vom Arm herunter. Die Mutter herzt und küßt es, setzt es ab und streckt ihm wie gewöhnlich zwei Finger

hin, die es mit seiner kleinen Hand umfaßt, um sich zu sichern. Die Mutter nimmt erleichtert zur Kennntis, daß ihr Kind diese Gewohnheit beibehält, die sie ihm vorgeschlagen hatte, nachdem das Kind vor einiger Zeit einmal plötzlich über die Straße gelaufen war, seiner Oma entgegen. Die Straße war zwar unbefahren und still gewesen, und auch die Oma war, von der anderen Seite kommend, ohne Scheu auf der Straße gegangen, aber ihr Mann und sie hatten aus diesem Anlaß vereinbart, ihr Vertrauen in den Selbsterhaltungsinstinkt ihres Kindes nicht zu übertreiben. So baten sie das Kind um diesen Körperkontakt in unübersichtlichen Situationen, und tatsächlich hatte es ihre Finger oder Hand immer ergriffen, wenn das sinnvoll erschien, entweder von sich aus, oder wenn sie es durch das Ausstrecken ihrer Hand daran erinnerten. Sie hatten gehofft, sich und dem Kind auf diese Weise die doch recht umständlichen Demonstrationen ersparen zu können, die erfahrene Eltern ihnen empfohlen hatten, um dem Kind deutlich zu machen, wie gefährlich diese rollenden Ungetüme sein können. Die Mutter wußte nicht, warum das Kind vorhin losgelaufen war, aber ihr war klar, daß sie den Vorfall unverzüglich ihrem Mann erzählen würde und daß sie jetzt die Angebote ihrer Freunde annehmen mußten, dem Kind mit Hilfe eines echten Autos zu zeigen, daß und warum sich Fußgänger aller Art und jeden Alters mit diesen Mördermaschinen nicht anlegen. Außerdem würden ihr Mann und sie in Zukunft auch einfach besser aufpassen.

Die Reaktion dieser Mutter erklärt sich aus der Überzeugung, daß kleine Kinder zwar verstandesmäßig noch »dumm« sind, nämlich über viele Kenntnisse noch nicht verfügen, die notwendig sind, um sich in der Welt der Erwachsenen mit all ihren technischen Geräten und komplizierten Regeln sicher bewegen zu können, daß sie aber seelisch nach genau den gleichen Prinzipien funktionieren wie ältere Menschen auch. Eines dieser Prinzipien lautet, daß eine Seele, deren Signale nicht akzeptiert und verstanden, sondern ignoriert oder kritisiert, vielleicht sogar verurteilt und bekämpft werden, zu ihrer Verteidigung und Selbsterhaltung unweigerlich den Verstand in Dienst nimmt und damit von seiner eigentlichen Aufgabe abzieht: die Welt immer besser verstehen, bewältigen und gestalten zu lernen. Jede seelische Erregung bindet Verstandeskräfte: Liebe macht blind, Angst macht dumm, in Panik kann der Verstand völlig blockiert sein, nur ein »kühler Kopf« kann optimal denken und lernen. Deshalb können schimpfende Eltern die gleiche Sache »schon hundertmal« gesagt haben, ohne etwas zu bewirken außer »Muttertaubheit« oder Trotz, und deshalb müssen gerade lebenswichtige Informationen und Erklärungen in einer Atmosphäre erfolgen, in denen die Kinder seelisch aufmerksam und aufnahmewillig sind. Nörgelnde, schimpfende, strafende, gewalttätige Eltern glauben regelmäßig, wenn ihre Kinder sich uneinsichtig zeigen, sie hätten »es« nicht schlimm genug getrieben; in Wirklichkeit verscherzen sie sich die Erfahrung, wie neugierig, aufgeschlossen, lernbereit und verständnisvoll Kinder sind, deren Seelen sich nicht angegriffen, sondern angenommen und verstanden fühlen. Deshalb ist es nicht *trotz* der »Dummheit« kleiner Kinder, sondern gerade auch *wegen* ihr nach dieser Überzeugung sinnvoll und notwendig, Kinder grundsätzlich als gleichberechtigte Mitmenschen zu betrachten und alles zu vermeiden, was sie herabsetzt, erniedrigt, sich »unten« fühlen läßt, was ihren Stolz verletzt, was ihr Bedürfnis, ernstgenommen zu werden, mißachtet, kurz: was ihnen den gleichen Respekt, die gleiche Würde, das gleiche Ansehen verweigert, die allen Menschen zustehen, wenn es zwischen ihnen gerecht und friedlich – und, nebenbei, vernünftig – zugehen soll.

Überflüssig zu sagen, daß es auf der Grundlage dieser Überzeugung keine »Verbote« und keine »Erlaubnisse« geben kann, ebenso keinen »Gehorsam«. Die elterliche Verantwortung wird so verstanden, daß die Kinder konkret beschützt oder gerettet werden, im übrigen aber vorausschauend alle Informationen –

entsprechend ihrem Interesse und Auffassungsvermögen – erhalten, die es ihnen ermöglichen, zugleich frei und sicher zu leben und neue Dinge mit der nötigen Vorsicht anzugehen, ohne von vornherein eingeschüchtert worden zu sein. Die Erfahrung mit Kindern, die in einer solchen Atmosphäre leben, zeigt eindeutig, daß solche Kinder sehr wohl von sich aus – anders als in Variante A angenommen – zwischen »kontrollierten« und »unkontrollierten« Bedingungen unterscheiden können, das heißt, sie bemerken in der Regel intuitiv, welchen neuen Situationen sie aus eigener Kraft gewachsen sind und in welchen sie sich besser des Beistandes eines Menschen versichern, der die Situation überblickt. In bestimmten Übergangsphasen kann es dabei zwar zu Fehleinschätzungen kommen, die den Eltern viel Aufmerksamkeit und auch Phantasie abverlangen. Betrachtet man aber nüchtern, wieviel Macht und Mühe aufgewendet werden müssen, um Kinder zum Gehorsam zu zwingen und ihn dann zu überwachen, und nimmt man zur Kenntnis, wie viele Kinder dennoch (?) verunglücken, Schaden nehmen und Schaden anrichten, dann ist schon allein diese Bilanz – also abgesehen von den sonstigen »Nebenwirkungen« elterlicher Machtausübung – nicht nur statistisch, sondern auch im Einzelfall niederschmetternd: Eltern, die mit ihren Kindern gleichberechtigt leben, sparen nicht nur viel Zeit, Energie und Geld (zum Beispiel für Schadensregulierungen), sie ersparen ihren Kindern auch Unglücke und Schadensfälle aller Art um ein Vielfaches wirksamer als Eltern, die ihre Kinder einschränken, begrenzen, letztendlich bekämpfen, um sie zu schützen. Offenbar sind Kinder, deren eigentlich vom Grundgesetz allen Menschen eingeräumtes Recht auf »freie Entfaltung der Persönlichkeit« durch machtgläubige Eltern beschränkt wird, schnell wirklich, wie man so sagt, ein bißchen »beschränkt« und gehen deshalb – oder weil sie es nötig haben, sich und anderen etwas »zu beweisen« – Risiken ein, für die ein freies und selbstbewußtes Kind sich viel zu schade ist.

Womit wir nicht gesagt haben möchten, daß es um die »beschränkten« Kinder nicht auch schade wäre! Wir finden es nur besonders schade, daß noch so viele Kinder um so viele ihrer besten Fähigkeiten betrogen, so sinnlos ihrer Freiheit beraubt, so brutal in ihren Menschenrechten beschnitten werden, nur weil die Machtmenschen alles tun, um ihre Denkweise als die einzig richtige und verantwortliche erscheinen zu lassen.

Nach diesen beiden ausführlichen Darstellungen folgen nun noch fünf Fallgeschichten in verkürzter Form. Wir möchten dadurch Wiederholungen – besonders hinsichtlich der »Hintergründe« – vermeiden und trotzdem noch einige Beispiele bringen, die zeigen, daß es wirklich und wahrhaftig möglich ist, die Beziehungsform Gleichberechtigung unter allen Umständen und mit Kindern jeglichen Alters »durchzuhalten« – sofern einem das wichtig genug ist und man die Mühe nicht scheut, sich ein paar Gedanken zu machen. Aber Kindern Gehorsam beizubringen, Kinder zu »disziplinieren«, Kinder (im klassischen Sinn:) »richtig zu erziehen« ist ja auch alles andere als ein müheloses Unterfangen.

3. Der Streit ums Anziehen

An einem Wintertag weigert sich ein kleines Kind plötzlich, vor dem Spaziergang die angemessene Kleidung anzuziehen oder sich anziehen zu lassen. In vielen Familien ist diese Situation Anlaß für heftige Machtkämpfe. Die Eltern verfügen gewöhnlich über die eindeutig besseren Argumente, aber die Kinder »stellen sich an«, als ob sie von allen guten Geistern verlassen wären. Die Eltern müssen dann zu aufwendigen Listen oder Bestechungsmanövern greifen, nicht selten auch blanke Macht einsetzen, wenn sie nicht die Gesundheit der Kinder aufs Spiel setzen wollen. Selbst der Hinweis, daß die Gesundheit der Kinder deren eigene Angelegenheit sei, verfängt nicht, denn die Eltern können mit Recht daran erinnern, daß schließlich sie die Kinder im Krankheitsfall pflegen und allerlei Unannehmlichkeiten auf sich nehmen müßten. Zwar stimmt es, daß wohl die meisten Eltern ihre Kinder grundsätzlich zu warm anziehen, sie insofern »verhätscheln«, nämlich den Temperatur-Spielraum unterschätzen und dadurch mit der Zeit einschränken, innerhalb dessen der kindliche Organismus die angeborene Fähigkeit besitzt, sich ohne Gesundheitsrisiko anzupassen, aber wir nehmen jetzt den Fall an, daß ein Kind es wirklich übertreibt und die Eltern zu recht ein Gesundheitsrisiko sehen und unbedingt vermeiden wollen. Was machen gleichberechtigte Eltern in dieser Lage?

Sie machen sich, wie immer, zuerst einmal Gedanken. Dadurch kommen sie auf die Idee, daß dieses Kind vielleicht nur deshalb nicht so warm eingemummelt werden will, weil es in der Wohnung, wo dies normalerweise geschieht, für sein Gefühl warm genug ist. Das Kind hat vielleicht die Erfahrung gemacht, fertig angezogen noch eine Weile warten zu müssen, bis es wirklich losgeht, oder es hat in diesem Augenblick trotz der elterlichen Erklärungen keine ausreichend deutliche Vorstellung von der Kälte, die im Freien herrscht; es könnte auch sein, daß das Kind aus ganz anderen Gründen jetzt die Kleiderfrage benützt, um den Eltern zu zeigen, daß es mit etwas nicht einverstanden ist. Gleichgültig, warum das Kind das Anziehen verweigert, sein Recht dazu muß respektiert werden. Also packen die Eltern die entsprechende Kleidung in eine Tüte und nehmen sie mit. Sie sagen das dem Kind natürlich auch und bieten ihm an, sich bei Bedarf zu melden. In schätzungsweise neunzig Prozent der Fälle ist das Problem damit gelöst und ein Streitpunkt ausgeräumt. In den restlichen Fällen haben etwas überfürsorgliche Eltern dem Kind unbeabsichtigt den Eindruck vermittelt, das Eingeständnis zu frieren sei etwas Ehrenrühriges, bedeute ein Nachgeben, bestätige den Eltern, daß sie wieder einmal etwas besser wußten. Gleichberechtigte Eltern müssen natürlich auch erst lernen, mit den Kindern höflich und taktvoll umzugehen, beispielsweise alle Bemerkungen wie »Siehst du?« – »Hab ich's dir nicht gesagt?« – »Warum nicht gleich so?« – »Wußt ich's doch!«, also alle die »Ätsch«-Sprüche unsensibler Besserwisser zu unterlasen. Die Eltern können so alt sein wie sie wollen, auch sie selbst reagieren verletzt oder zumindest verärgert darauf, wenn jemand sie von oben herab auf kleinere oder größere Schwächen stößt. In Machtbeziehungen haben solche Überlegenheitsdemonstrationen einen Sinn, für (gleichberechtigte) Liebesbeziehungen sind sie Gift. Erfahrungsgemäß sind aber alle Kinder bereit, die entsprechenden Entschuldigungen zu akzeptieren, wenn sie das Gefühl haben, daß die Eltern es mit der Gleichberechtigung wirklich ernst meinen und sich nur aus alter Gewohnheit manchmal noch danebenbenehmen.

4. Beim Einkaufen

Für viele Eltern ist es eine Tortur, mit kleinen Kindern in einem Selbstbedienungsladen einkaufen zu müssen. Es scheint so, als sei diese Situation auf gleichberechtigter Basis wirklich nicht zu bewältigen, wenn man an all die plärrenden Kinder denkt, die man da schon mit ihren Müttern um dies und jenes hat kämpfen sehen, voller Verständnis für beide Seiten und vielleicht mit Wut im Bauch über die skrupellose Werbung und die plumpraffinierte Warenpräsentation. Deshalb mag es überraschen, wenn wir mitteilen, daß in bewußt gleichberechtigt lebenden Familien dieses Problem praktisch nicht existiert. Der Grund liegt wieder darin, daß die Eltern sich ein paar Gedanken machen, und zwar rechtzeitig, also vorbeugend. Die Eltern klären zunächst für sich ab, daß ausschließlich sie selbst es sind, die den Einkauf tätigen, und daß ihr Kind sie lediglich begleiten kann. Sie widerstehen bewußt der Versuchung, sehr kleine Kinder zum Schein bei der Auswahl und Entnahme der Waren mitwirken zu lassen, obwohl das zunächst süß aussieht und die Kinder offensichtlich ergötzt. Tatsächlich erhalten sie aber einen falschen Eindruck von ihren realen Möglichkeiten. Verantwortungsbewußte Eltern verhalten sich nicht wie Drogenhändler, die neue Kunden dadurch anwerben, daß sie ihre Ware anfänglich kostenlos abgeben und erst später, wenn der Bedarf geweckt ist, ihre wirklichen Geschäftsbedingungen bekanntgeben. Es hat sich gezeigt, daß die erwähnten Kämpfe vollständig vermeidbar sind, wenn Eltern ihre Kinder nicht unbedacht zu dem Glauben verführen, außerhalb der ansonsten für alle Menschen geltenden kapitalistischen Spielregeln echte Waren einkaufen zu können, ohne dafür den entsprechenden Preis bezahlen zu müssen. Es ist nicht die Schuld der Kinder, wenn die Eltern sich später als »Melkkühe« fühlen, sondern die logische Folge davon, daß die Eltern sich zunächst als »Spendierkühe« betätigen.

In gleichberechtigten Familien erhalten Kinder natürlich auch keine Belohnungen für »Wohlverhalten« oder »Bravsein«; sie werden überhaupt zu nichts erpreßt oder bestochen. Entsprechend fern liegt ihnen der Gedanke, bei Gelegenheit ihrerseits die Eltern zu erpressen oder zu bestechen, um eine Gegenleistung zu erwirken. Wenn Kinder aus machtorientierten Familien ihre Eltern »terrorisieren«, verwenden sie, wie sich bei jeder Nachprüfung herausstellt, lediglich die »Waffen«, die sie durch die Eltern kennen- und fürchten gelernt haben. Solche Kinder nützen dann oft sehr geschickt oder einfach brutal die Öffentlichkeit des Supermarktes aus, um ihre Eltern in Verlegenheit zu bringen, und je besser ihnen das gelingt, desto häufiger und skrupelloser wenden sie diese Waffe an – so daß die Eltern sich dann durchaus »genötigt« fühlen können, mit brutaler Macht zurückzuschlagen. Gleichberechtigt lebende Kinder haben absolut kein Interesse daran, ihre Eltern in peinliche Situationen zu bringen.

Kleine Kinder deuten oft eifrig auf bestimmte Waren und

nennen deren Namen, auch etwa wenn sie vor Schaufenstern stehen oder an Marktständen vorbeikommen. Manche Eltern deuten diese Zeichen automatisch als Besitzwunsch und Kaufauftrag. Sie überlegen sich dann nur, ob sie Ja oder Nein sagen. Kaufen oder Nichtkaufen war aber meist gar nicht die Frage. Kleine Kinder zeigen oft auf Waren, einfach weil sie sie wiedererkennen, vom Gebrauch zu Hause oder etwa aus der Fernsehwerbung, weil sie stolz sind, schon den Namen zu wissen, oder weil sie dadurch an bestimmte Erlebnisse erinnert werden. Aus solchen Anlässen könnten unendlich viele interessante und angenehme Gespräche geführt werden, wenn nicht so viele Eltern dem genannten Mißverständnis erlägen. In Zweifelsfällen ist es auch möglich und jedenfalls klüger und taktvoller, Signale aus dem Einkaufswagen schlicht zu überhören, als sich und das kleine Kind durch sie in voraussehbare Schwierigkeiten bringen zu lassen. Niemand ist verpflichtet, seine Kinder zu unersättlichen Konsumidioten zu degradieren.

Verantwortungsbewußte Eltern verzichten auf das fragwürdige Vergnügen des ständigen sinnlosen Kaufens und Schenkens schon deshalb, weil es letztendlich eine Machtdemonstration ist. Demgegenüber ist das Einkaufen des Lebensbedarfs eine notwendige Dienstleistung. Kleine Kinder mögen da wohl manchmal »helfen« wollen, akzeptieren aber ein lustig-bestimmtes »Kann das alleine!« der Eltern problemlos – jedenfalls, wenn sie es gewöhnt sind, daß ihre entsprechenden Bekundungen ebenfalls problemlos respektiert werden.

Zur Sicherheit betonen wir hier nochmals, daß Gleichberechtigung nicht zu verwechseln ist mit dem Durcheinanderwerfen unterschiedlicher Rollen, Zuständigkeiten, Fähigkeiten und so weiter. Manche Familien, in denen beim Einkaufs-Thema schon manches schiefgelaufen ist, berichtigen die Lage durch die Einführung des Einkaufszettels. An dessen Erstellung können schon kleine Kinder beteiligt werden, wenn ihnen das wichtig erscheint. Denn dann hat man die Gelegenheit zu ruhigen Gesprächen und Vereinbarungen.

5. Aufräumen im Kinderzimmer

In gewissem Sinne ist es im Kinderzimmer umgekehrt wie im Supermarkt. Ist letzterer das »Revier« der Eltern, so ist ersteres das Revier des Kindes. Wenn Eltern ihre eigenen Ordnungsvorstellungen dem Kind aufdrängen wollen, sind sie bereits auf dem Machttrip, verweigern dem Kind das Recht, sich in seinem eigenen Bereich auf seine Weise wohlzufühlen.
Allerdings wäre es übertrieben und unrealistisch, das Kinderzimmer für die Eltern völlig tabu zu erklären. Das Kind zahlt keine Miete und zeigt im Normalfall an einigen Aspekten seines Lebens kein sonderliches Interesse, beispielsweise am Wäschewaschen. Auch das gelegentliche gründliche Reinigen des Raumes ist meist nicht sein eigenes Anliegen. In einigen Punkten bringt es die »Entwicklungstatsache« mit sich, daß Kinder anfangs zwangsläufig »verwöhnt« werden, weil die Eltern notwendige Arbeiten verrichten müssen, solange die Kinder dazu noch nicht in der Lage sind. Wenn die Kinder »es« dann selbst tun könnten, sind sie bereits daran gewöhnt, daß »es« ja auch ohne ihr Zutun geschieht – und an diesem Punkt fühlen sich machtorientierte Eltern berechtigt und sogar verpflichtet, von ihrer Macht Gebrauch zu machen.
Dies muß nicht Willkür sein. Nach einer gemeinsamen Aufräum- und Putzaktion zeigen sich die meisten Kinder und auch Jugendlichen durchaus erfreut, und das kaum nur deshalb, weil endlich die Eltern zufrieden sind. Man kann also nicht allen Eltern umstandslos unterstellen, sie würden nur an sich selbst denken, wenn sie behaupten, daß das Kind sich in einem vollständig chaotischen und verdreckten Zimmer doch unmöglich wohlfühlen könne.

In gleichberechtigten Familien kommen einfach die Wünsche und Vorstellungen aller Beteiligten »auf den Tisch«, und dann werden Regelungen gesucht und gefunden, mit denen alle gleichermaßen zufrieden sind. Dabei werden durchaus nicht nur die Einzelinteressen der isolierten Individuen miteinander »verrechnet«, womöglich mit Hilfe der vielempfohlenen »Kompromisse«: Bei Kompromissen steckt jeder etwas zurück, die Freiheit des einen endet dort, wo die Freiheit des anderen beginnt, es werden »kleinste gemeinsame Nenner« gesucht, letztendlich behandeln sich die Menschen wie Gegner, denen man nur deshalb nichts tut, weil sie einem sonst auch selbst etwas tun würden. Mag in der Politik diese Strategie auch die richtige sein, um ein Gegeneinander zu vermeiden, so führt sie im Familienleben doch nicht zum Miteinander, sondern mehr zum Nebeneinander. Es ist nur die zweitbeste »Strategie«.

Auf der Basis der Gleichberechtigung aller Beteiligten ist es zwischen Eltern und Kindern leicht möglich, die jeweiligen Einzelinteressen nicht durch Abgrenzung, Mißtrauen und Kompromißbildung zu einem *Minimum* an Reibung zu *reduzieren*, sondern sie durch offene, phantasievolle (und natürlich gleichberechtigte) Kommunikation zu einem *Optimum* an Lebensfreude zu *kombinieren*. Es kann einfach riesigen Spaß machen, von Zeit zu Zeit mit einem Kind zusammen sein Zimmer gründlich aufzuräumen und zu putzen. Dabei ist klar, daß das Kind der Chef ist, der allerdings das Interesse der Eltern an einer gründlichen Reinigung respektiert. In Familien, die schon über eine längere Gleichberechtigungtradition verfügen, sind auch von seiten des Chefs niemals »Kommandos« zu hören, allenfalls »gnädige« Zustimmungen, wenn ein Erwachsener darum bittet, noch dies oder jenes tun zu dürfen. – Machtorientierten Eltern mag es bei diesen – bewußt kurz gehaltenen – Andeutungen grausen, weil sie die Elternrolle dabei »ehrenrührig« finden. Andere Eltern finden dieses Arrangement optimal, weil sie dabei erstens ihren Willen tatsächlich durchsetzen

175

(ohne die ewigen Nörgeleien, Erinnerungen, Ermahnungen und Schimpftiraden, die letztendlich oft mehr Energie kosten als das eigene Anpacken), weil sie zweitens dem Kind einen Gefallen tun, ihm wirklich nützlich sind, und weil drittens bei solchen Gelegenheiten intensive Gemeinsamkeit erlebt wird in Arbeit, Spaß und Kommunikation, zumal ein Happy-End vorprogrammiert ist, der gemeinsame Stolz auf das gemeinsam Erreichte.

6. Ein Schulproblem

Schulkinder (jeden Alters) pflegen sich bei ihren Eltern mehr oder weniger häufig und intensiv über die Schule und einzelne Lehrkräfte zu beklagen. Die deutsche Staatsschulzwangsanstalt ist ein Relikt aus absolut vordemokratischen Zeiten, und Menschen, die in ihrer Kindheit eine starke Machtorientierung entwickelt haben, drängen zuallererst in den Lehrerberuf. Für Lesende, denen dies zu kritisch klingt, zitieren wir einen Insider, den erfahrenen Lehrer und Lehrerausbilder Prof. Kurt Singer, der am 14. 12. 93 in einer Preisrede (abgedruckt in den »Mitteilungen der Humanistischen Union« vom März 1994) erklärte:

»Nichts hemmt den pädagogischen Fortschritt in der Schule mehr als die undemokratischen Verhältnisse, die in ihr herrschen: die Unterordnung, bürokratische Regelung, Zensur und machtbehauptendes Vorgesetztenverhalten. Dem entspricht auf der anderen Seite die unvorstellbare Gehorsamsbereitschaft von Lehrerinnen und Lehrern. In Autoritätshörigkeit opfern sie ihre pädagogische Freiheit und passen sich an. Sie flüchten in die schutzverheißende Kind-Rolle.«

Wenn Schulkinder sich über die Schule beschweren, ist allerdings von dieser »schutzverheißenden« Rolle nichts zu spüren. Autoritätshörige Lehrer opfern nicht nur *ihre* Freiheit, sondern die der Schüler gleich mit. In alter Radfahrermanier buckeln sie nach »oben« und treten nach »unten«. Infamerweise verlangen sie von den Eltern dann meist noch, diese sollten mit der Schule »an einem Strang ziehen«, um die Kinder also möglichst effektiv zu strangulieren, damit sie sich ebenso korrumpieren und anpassen wie ihre armseligen Möchtegern-Vorbilder.

Natürlich halten sich die meisten Lehrer selbst für »engagiert« und schülerfreundlich. Deshalb hilft man Kindern nicht, wenn man sie gegen Lehrer »aufhetzt«. Man darf nur selbst nicht auf die Lebenslügen und Ratschläge all dieser beamteten Unter-Richter und Ober-Pädagogen hereinfallen (vereinzelt gibt es auch Durchblicker in der Lehrerzunft). Dann verweigert man sich dem Macht-Spiel und kann seinen Kindern helfen, die Schulzeit nicht nur glimpflich, sondern sogar mit Profit zu überstehen. In gleichberechtigten Familien ist das selbstverständlich und sogar relativ einfach. Denn man kann seinen Kindern erklären, daß heutzutage eben noch keineswegs überall Kinder als gleichberechtigte Mitmenschen gelten. Besonders in der Schule gelten sie als Objekte, Erziehungsobjekte, »Schülermaterial« (wie manche Lehrer intern noch sagen), und wenn ihnen das nicht gefällt, so haben sie zwar recht, aber kein Recht. Das ist einfach (noch) die Realität. Anders als machtorientierte Eltern verbünden sich mitmenschliche Eltern niemals mit einem Schulfunktionär gegen ihr Kind. Sie wissen, daß es ohnehin nie einen Grund gibt, gegen sein Kind Partei zu ergreifen. (Außer man haßt es und will ihm schaden.) Den vielbeklagten »elterlichen Ehrgeiz« hinsichtlich der Schulkarriere ihrer Kinder gibt es in gleichberechtigten Familien nicht. Die Schule ist Sache der Kinder, und Sache der Eltern ist es, ihren Kindern nach deren Anforderung und Maßgabe zu helfen. Im Falle von Klagen und Beschwerden bedeutet das in erster Linie, die Gefühle der Kinder grundsätzlich nicht nur zu akzeptieren, sondern sie ausdrücklich zu bestätigen. Sie können ja, nach dem Seele/Verstand-Modell, nicht falsch sein. Darüber hinaus, jedoch immer unter dieser Voraussetzung und auf dieser Grundlage, können Eltern sich nützlich machen, indem sie falsche, unrealistische oder auch nur ungünstige Gedanken ihrer Kinder mit diesen gemeinsam überprüfen, alternative Denkmöglichkeiten erwägen, möglicherweise von den Kindern nicht gewußte oder übersehene Fakten beisteuern und so weiter, wie sie es in allen anderen Lebensbereichen auch tun.

Kinder aus gleichberechtigten Familien leiden unter der Schule weniger als andere und lassen sich durch sie auch weniger verdummen. Sie finden sie auch oft lästig und langweilig, machen aber das Beste daraus. Es gibt unter ihnen (wir wissen von einigen hundert) keine »Versager«. Sie schaffen den Schulabschluß, den sie anstreben, aber sie lernen außerdem noch viele Dinge, die Spaß machen und wirklich nützlich sind. Die Schule ist heute immer noch, um Walther Borgius' Buchtitel zu zitieren, »ein Frevel an der Jugend«, aber gleichberechtigte Familien aktivieren genügend Gegenkräfte, um ihre Kinder vor den schädlichen Auswirkungen dieses Frevels zu schützen. (Besorgte Eltern, die ihre Kinder schon als Gärtner oder Straßenmusikanten ihr mageres Brot verdienen sehen, können wir beruhigen: Die uns bekannten Kinder aus gleichberechtigten Familien haben mehrheitlich das Abitur angestrebt und bestanden.)

7. Wenn zwei sich streiten ...

Das »Schlichten« von Streitigkeiten unter Kindern gehört in machtorientierten Familien zu den unerfreulichsten und, auf Dauer gesehen, erfolglosesten Aufgaben der Eltern. Wie der Großinquisitor höchstpersönlich wollen sie zum Beispiel wissen, wer »angefangen« hat – und schon bricht der Streit von neuem los. Jüngere Kinder sagen praktisch niemals die Wahrheit: nämlich daß sie es selbst nicht wissen, daß es die Eltern auch nichts angeht, und daß die sich gefälligst um ihre eigenen Angelegenheiten kümmern sollen. Machtorientierte Eltern neigen zu dem Glauben, sich ständig unaufgefordert in das Leben der Kinder einmischen zu müssen. Damit verschlimmern sie nicht nur viele konkrete Situationen, sondern erreichen auch ganz allgemein, daß die Kinder in vielen Schwierigkeiten, die sie unter anderen Umständen gut selbst bewältigen könnten, nach »oben« schielen und elterliche »Machtworte« geradezu herausfordern.

»Aber wir können doch nicht zulassen, daß das große Kind das kleine Kind andauernd verdrischt«, sagen dann die Eltern gerne. Die Witzfiguren gibt es tatsächlich, die das große Kind verdreschen, damit es lernt, das kleine Kind nicht mehr zu verdreschen. Das klappt zwar nie, aber machtorientierte Eltern kämpfen nicht selten so inbrünstig für den Frieden, daß sie gar nicht merken, wie sie dabei alles in Schutt und Asche legen. Sie treiben die Kinder immer stärker in eine Konkurrenzbeziehung, vermutlich ohne zu ahnen, was sie damit anrichten. Zwar klagen sie oft über die »unverträglichen« oder »aggressiven« Kinder, aber wenn sie sich in der Rolle als große Zampanos, die ihnen zusätzliche Wichtigkeit und Macht verleiht, nicht letztendlich doch wohlfühlten, würden sie sie wohl kaum so willfährig und ausgiebig spielen. Richtige Machtmenschen genießen die Macht, und kein Vorwand ist ihnen zu dumm oder (eigentlich) lachhaft, um ihre Ausübung gerechtfertigt erscheinen zu lassen – denn das macht den Genuß der Macht erst komplett: Man herrscht über Menschen und tut dabei etwas Gutes, dient dem Frieden, der Gerechtigkeit, der Ehre der Götter oder dem Siegeszug des Plumpsklos (altes Symbol der »Zivilisation«).

Weil nun gewiß nicht alle machtorientierten Eltern »richtige« Machtmenschen sind, stellen wir jetzt die Prinzipien dar, nach denen sich Eltern in gleichberechtigten Familien richten, wenn zwei Kinder sich streiten. Und wieder ist das Rezept einfach:

Die Eltern denken mit. Sie helfen nicht unaufgefordert, bieten aber Hilfe an, wenn ihnen ihr Fairneßgefühl dies nahelegt. Im Falle »Groß« schlägt »Klein« (und »Klein« ruft um Hilfe) gehen sie konkret körperlich schützend dazwischen, entschuldigen sich aber bei »Groß« und bitten um sein Verständnis dafür, daß sie sich dem Schutz des Schwächeren verpflichtet fühlen. Damit respektieren sie die Motive von »Groß« und werden normalerweise auch von diesem verstanden. Notfalls erklären sie ihm, daß ihr Prinzip (den Schwächeren zu schützen) auch ihm zugute kommt, wenn er selbst von einem Stärkeren angegriffen wird.

Wenn zwei sich streiten, kann unter Gleichberechtigten der Dritte eine sehr wertvolle Funktion ausüben. Er ist seelisch nicht erregt und kann also den Überblick behalten. Er ergreift nicht Partei und kann also Mittler sein. Er erfragt und versteht die Gefühle, Motive, Wünsche beider Seiten und übersetzt sie in für die jeweils andere Seite akzeptable, verständliche (»seelenfreundliche«) Formulierungen. Alles weitere ergibt sich unter gleichberechtigten Menschen »von selbst«.

Wer die Rolle des gleichberechtigten Moderators zwischen (nicht über!) gleichberechtigten »Streithähnen« das erste Mal erfolgreich gespielt hat, fühlt sich fast wie ein Zauberer. Und bald fällt es ihm schwer zu begreifen, wie er jemals so dumm sein konnte, sich als Machthaber (Verhörer, Richter, Vollstrecker, Besserwisser, Dompteur, Regisseur, Dirigent, »Verantwortlicher«) aufzuspielen.

Nach unseren bisherigen Erfahrungen ist es kaum vermeidbar, daß Geschwister, zumindest phasenweise, miteinander konkurrieren. Das kann aber eine gesunde, motivierende, zu vielfältigen Entwicklungen führende Erscheinung sein. Und eines ist sicher: Je heftiger sich Kinder streiten, desto schädlicher ist es für die demokratische Lebensqualität, wenn Eltern glauben, dies rechtfertige oder erfordere den Einsatz ihrer Macht.

Gleichberechtigung im »Jugendzimmer«?

Wenn die elterliche Übermacht ohnehin schwindet ...

Wenn Kinder in das Jugendalter kommen, bahnen sich in machtorientierten Familien reihenweise kleinere und größere Katastrophen an. Je mehr die Eltern versuchen, ihre Kinder mit den »bewährten« Machtmethoden zu »regieren«, desto schneller und intensiver schließen diese sich Gleichaltrigen an, mit denen sie Gleichberechtigung erleben (und manches mehr), oder aber, sofern ihre eigene Machtorientierung schon gefestigt genug ist, hierarchische Ordnung selbstgewählter Art (und manches mehr; hier sprechen wir die »gewaltbereiten« und die »rechten« Gruppen an). Auf jeden Fall werden aus den Eltern »die Alten«, denen die Jugendlichen »entgleiten«, oft genug sogar auf die berühmte »schiefe Bahn«. Jedenfalls lassen sich die Jugendlichen nicht mehr »wie kleine Kinder« behandeln, viele rauchen, saufen, suchen alle möglichen »Abenteuer« und pfeifen auf die Warnungen und Verbote der Eltern, die sich allmählich damit abfinden und »der Jugend ihren Lauf lassen«. Manche Eltern versuchen zu retten, was zu retten ist, indem sie idiotisch teure Klamotten, Fahrzeuge, Reisen, Feten und manches mehr spendieren, nur um ihre Kinder nicht ganz »zu verlieren«. Andere wenden sich enttäuscht, oft tief beleidigt, von den Kindern ab, viele zerfließen vor Selbstmitleid, fragen ernstlich, wenn die Jugendlichen ihnen »Schande« bereiten: »Wie könnt ihr uns das antun?« Die moralische Verrottetheit der Machtmenschen zeigt sich am deutlichsten darin, daß sie ihren Kindern erst systematisch Freiheit, Selbstachtung und ihre besten Fähigkeiten rauben, und anschließend über deren »Undank« jammern.
Aber es ist wahr: Für viele elterliche Einsichten ist es jetzt zu

spät. Deshalb darf man die meisten machtorientierten Eltern von Jugendlichen nicht daran erinnern, mit welchen edlen Begründungen sie ihre Machtakte damals rechtfertigten. Zu deutlich würde ihnen, daß alles Lug und Trug war. Es muß schon sehr »dicke« kommen, damit Eltern gezwungen werden, sich wenigstens ansatzweise der Wahrheit zu stellen. Ein Beispiel:

»Man fällt in einen Abgrund und hört nicht auf zu fallen« ist ein Interview überschrieben, das die Zeitschrift *Brigitte* (Heft 6, 9. 3. 94, S. 182–186) mit einer Mutter führte. Aus dem Vorspann: »Linda Reichmann glaubte, ihr Familienleben sei in Ordnung. Bis sie feststellen mußte, daß drei ihrer vier Kinder drogensüchtig sind.« Wenn drei von vier Kindern heroinabhängig werden, ist es Zeit für die immer gleiche Frage: »Was habe ich falsch gemacht?« Die Antworten dieser Mutter sind, aus unserer Sicht, immerhin Halbwahrheiten: »Wir haben wahrscheinlich zu enge Grenzen gesetzt«, sagt die Mutter beispielsweise, und: »Wir haben viel zuviel an ihnen herumerzogen und herumkritisiert.« Auf die Frage, warum das jüngste Kind bisher drogenfrei geblieben ist, sagt die Mutter, letztlich noch immer ahnungslos: »Heute ahne ich, warum er dieser fatalen Entwicklung seiner Geschwister entkommen ist. Da die anderen drei unsere ganze Kraft und Energie auffraßen, lief der Jüngste nämlich so nebenbei mit, ohne daß wir ihm viel Aufmerksamkeit schenken und daher auch nicht so viel an ihm herumerziehen konnten.«

Das klingt einsichtig und selbstkritisch, stellt aber das elterliche Machtdenken nicht in Frage. Die Mutter glaubt, das Gefängnis, in das sie die Kinder steckte, sei zu klein gewesen, sie hätte »zuviel« Macht ausgeübt. Noch in der Frage, was sie falsch gemacht hat, beansprucht die Mutter die ganze Macht für sich. Noch nicht einmal jetzt gesteht sie den Kindern zu, selbst etwas falsch gemacht zu haben, wenn sie heroinabhängig wurden, ohne das zu wollen. Noch immer gelten ihr die Kinder bloß als reagierende Objekte, die allenfalls die elterliche »Kraft und Energie auffraßen« und eine »fatale Entwicklung« nahmen – oder ihr entkamen –, aber Kinder als selbstverantwortliche, freie, auch zu falschen Entscheidungen fähige Subjekte sind in diesem Denken »nicht drin«. Und solche Eltern ziehen unweigerlich das Mitgefühl der Leserschaft auf ihre Seite. Denn selbstverständlich hat die Mutter es gut gemeint, und es ehrt sie, daß sie ihre Fehler einsieht, für die das Schicksal sie nun so schwer gestraft hat. Daß auch Kinder es gut meinen, käme nur in den Blick, wenn sie als Subjekte gesehen würden, die für nichts und wieder nichts mit dieser machtgeilen Mutter gestraft wurden und es immer noch schwer haben, ihre eigenen Fehler einzusehen, solange die Mutter die ganze Verantwortung für sich beansprucht und die Kinder es nicht schaffen, diese Person in ihren Köpfen zu entmachten.

Immerhin behauptet die zitierte Mutter nicht, sie hätte ihren Kindern zuviel Freiheit gelassen, zuwenig Gehorsam, Unterordnung, Disziplin und so weiter aufgezwungen. Denn diese Reaktion hat heute Konjunktur, führt zu allerlei »Mut zur Erziehung«-Appellen und Rufen nach noch mehr Freiheitsbeschränkungen für Kinder. Dabei beweisen alle empirischen Untersuchungen das Gegenteil: Je weniger Freiheit Kinder haben, desto weniger lernen sie, mit der Freiheit vernünftig umzugehen, desto blindwütiger brechen sie aus ihren kleineren oder größeren Gefängnissen aus, wenn die elterliche Übermacht dahinschmilzt, weil die Kinder aus ihren Abhängigkeiten herauswachsen und im Falle des Falles schon mal zurückschlagen könnten. Wer bei diesen Konflikten mehr Mitleid mit den Alten als mit den Jungen spürt und nicht sehen will, daß es immer die Eltern sind, die den Machtkampf mit jedem neuen Kind beginnen, indem sie ihm die Gleichberechtigung als Mensch und Mitmensch verweigern, der stellt sich selbst auf die Seite der Macht und trägt dafür die Verantwortung.

Für mitdenkende Mitmenschen gehen wir jetzt noch auf einen

Problembereich im »Jugendzimmer« ein, von dem wir vermuten, daß er den »wahren Kern« einiger Besorgnisse bildet, die nicht auf Wahnideen, sondern auf echten Beobachtungen beruhen oder zumindest auf seriösen Fragestellungen. Die praktizierte Gleichberechtigung der Generationen – auch wenn das nicht so genannt wurde – scheint in manchen Kreisen tatsächlich zu Problemen geführt zu haben, weil die Besonderheiten des Jugendalters von den Eltern nicht rechtzeitig bedacht wurden.

Die Beziehungsform Gleichberechtigung beruht auf dem gleichen Recht aller Menschen (einschließlich des neugeborenen) auf Anerkennung ihrer unantastbaren Würde und unaufgebbaren Subjektivität. In gleichberechtigten Familien ist es kein Problem, davon zu sprechen, daß alle Mitglieder die gleiche Freiheit haben, genau das zu tun, was sie selbst in ihren jeweiligen Rollen für richtig halten. Weil das für *alle* Mitglieder gilt, sind Übergriffe in den »Freiheitsbereich« eines anderen mit dieser Formel bereits ausgeschlossen. Der Alltag wird von gegenseitiger Anerkennung, wechselseitigem Wohlwollen und den Prinzipien der Kooperation (nicht denen der Konkurrenz) bestimmt. Wie das funktioniert, haben wir mit allen Einzelheiten (als »Harmonie-Spiel«) in unserem letzten Buch beschrieben.

Wenn Kinder unter diesen Bedingungen aufwachsen, entwickeln sie ein starkes Selbstvertrauen, und die Eltern gewöhnen sich daran, ein ebenso starkes Vertrauen in die Instinkte, Gefühle, Intuitionen und auch Urteile ihrer Kinder setzen zu können. Die Eltern brauchen sich gar nicht von sich aus »einzumischen«, weil die Kinder sich in allen Zweifelsfällen selbst an sie wenden, um von ihrem Wissen, ihren Erfahrungen, ihren Ideen zu profitieren. Diese Kinder leben in *gesicherter Freiheit* – in einem doppelten Sinn. Zum einen garantieren, schützen und verteidigen die Eltern die Freiheit ihrer Kinder, zum anderen informieren und beraten sie die Kinder so, daß diese von

Anfang an ihr eigenes Leben leben, ihre eigenen Erfahrungen, auch ihre eigenen Fehler machen, aber immer mit dem Gefühl und Bewußtsein der Sicherheit eines zuverlässigen und starken Rückhalts, dessen sie sich nach ihrem Bedarf bedienen können. Mit dem Eintritt ins Jugendalter erweitern nun die Kinder ihren Aktionsradius und werden mit neuen Aspekten des Lebens konfrontiert, die auch ganz neue Anforderungen an sie stellen. Das bis dahin gewachsene und bewährte nahezu »blinde« Vertrauen der Eltern in die Selbstverantwortungsfähigkeit ihrer Kinder kann jetzt unter ungünstigen Umständen zu einer Gefahr für die gesicherte Freiheit der Jugendlichen werden. Nach einigen Berichten (zum Beispiel aus den USA) fühlen sich viele junge Erwachsene im Rückblick auf allerlei »Jugendsünden« und »Jugendtorheiten« von ihren Eltern auf die Gefährdungen dieser Zeit schlecht vorbereitet. Die gleiche vertrauens- und respektvolle Haltung der Eltern, die sie als Kinder hochgeschätzt hatten, deuten sie später in Hinblick auf ihr Jugendalter plötzlich als Interesselosigkeit, Gleichgültigkeit, Vernachlässigung. Im nachhinein beklagen viele Jugendliche, von ihren Eltern im Stich gelassen worden zu sein, die doch hätten wissen müssen, welch starke Verführungskräfte aus der profit- und sexgierigen Erwachsenenwelt auf Jugendliche einstürmen und wie schwer es gerade für selbstsichere, nicht eingeschüchterte, sondern freiheitsbewußte und positiv denkende Jugendliche ist, all die raffinierten Glücksversprechen aus dieser neuen Welt als puren Betrug zum Zwecke der Ausbeutung zu durchschauen.

Mit solchen Klagen wird ausdrücklich nicht das Prinzip der Gleichberechtigung der Generationen in Frage gestellt, sondern es wird eine Konsequenz aus diesem Prinzip deutlich, von der uns am Herzen liegt, daß sie nicht übersehen wird. Wenn Jugendliche sich unvorbereitet auf neuen Feldern erproben, für die sie sich als Kinder noch nicht interessierten, liegt die Gefahr nahe, daß sie sich auf in ihrer Tragweite für sie nicht durchschaubare finanzielle, sexuelle oder anderweitig reizvolle Abenteuer einlassen. Sie können Erfahrungen auf Gebieten suchen, auf denen sie naturgemäß noch »Anfänger« sind und ausgebuffte, womöglich professionelle Verführer nicht durchschauen können, die einfach besser als die Jugendlichen selbst immer schon wissen, wie diese reagieren werden. In kapitalistischen und patriarchalischen Gesellschaften sind Jugendliche als Ausbeutungs- und Lustobjekte ohnehin eine bevorzugte Zielgruppe besonders skrupelloser Spezialisten, ganz gleichgültig, ob die nun Kleidungsstücke oder Drogen, Heilsbotschaften oder Kredite, sexuelle Genüsse oder politische Parolen, Tätowierungen oder Kosmetika... an den unerfahrenen Mann oder die unerfahrene Frau bringen wollen.

Vertrauen ist gut, Information ist besser. Auf der Grundlage bewährten Vertrauens ist es im Grunde auch kein Problem, die erforderlichen Informationen rechtzeitig zur Verfügung zu stellen. Das angesprochene Problem muß den Eltern nur bewußt sein, und sie müssen bedenken, daß *vorbeugende* Informationen ihrem Wesen nach zu spät kommen, wenn sie erst auf Anfrage gegeben werden. Während freie Kinder sich, wie wir oben geschrieben haben, »in allen Zweifelsfällen« selbst an die Eltern wenden, können freie Jugendliche unter ungünstigen Umständen in Situationen geraten, an deren Harmlosigkeit ihnen erst Zweifel kommen, wenn sie schon mitten in der Tinte sitzen. Vorbeugende Informationen über die Regeln und Risiken neuer »Spiele« sind deshalb kaum jemals wirklich »rechtzeitig« anzubieten; meist ist es so, daß die Jugendlichen sich entweder noch nicht für dieses »Spiel« interessieren, oder aber sie sind bereits »auf den Geschmack gekommen«: So oder so können die entsprechenden Informationen zunächst einmal belästigend wirken, als ungewohnte Bevormundungsversuche, vielleicht sogar als schlichte Spaßverderberei. Wir vermuten, daß im Wege der elterlichen »Selbstzensur« hier die als Respekt gemeinte, in Wahrheit unnötig ängstliche Zurückhaltung geübt wird, die von den jungen Leuten im nachhinein als Gleichgültigkeit interpretiert wird.

Nach unseren Erfahrungen ist diese Ängstlichkeit in Wahrheit unnötig, weil freie Jugendliche den eben dargestellten Zusammenhang (vorbeugende Informationen sind ihrem Wesen nach mit dem »Makel« einer gewissen Belästigung behaftet) problemlos verstehen, wenn sie auf ihn – natürlich immer nur in einer ruhigen Stunde – hingewiesen werden. Vielleicht liegt in diesem Punkt der »wahre Kern« dessen verborgen, was mit der Aufforderung an Eltern und »Erzieher« gemeint ist, »Konfrontationen« mit Kindern nicht zu scheuen oder (mit den Worten der »Werteinitiative '93«), »sich auf Konflikte mit den Kindern einzulassen«. Wir vermuten, daß solche Aufforderungen zum Teil Konsequenzen aus den gleichen Beobachtungen sind, die wir oben erwähnten, sind aber natürlich mit ihnen nicht einverstanden, wenn sie als Appelle zur Machtausübung gemeint sind. Es versteht sich von selbst, daß freie Jugendliche mit elterlichen »Verboten« nichts anfangen können, aber ein paar »Belästigungen« akzeptieren sie als sinnvoll, sofern die Informationen, die sie erhalten, der Wahrheit entsprechen und sich erfahrungsgemäß als nützlich erweisen.

Zu diesen Informationen gehört beispielsweise und grundsätzlich die Aufklärung über das Jugendalter als eigenständige Lebensphase überhaupt. Gleichberechtigt aufgewachsene Kinder haben keinen Grund, sich gegen die Einsicht zu sträuben, daß sogar die »Meister aller Klassen« im Kinderzimmer mit der Pubertät eine »zweite Geburt« erleben und in wichtigen Bereichen noch einmal »ganz von vorn« anfangen müssen. Wenn in der Vorstellung von Jugendlichen auf den Status der Kindheit direkt der Status des Erwachsenen folgt, besteht die Gefahr, daß sie glauben, sich in der neuen Rolle gleich so großartig bewähren zu können (oder gar zu müssen), wie es ihnen in der gewohnten Rolle gelungen ist. Wer das »Kinderzimmer« – im wörtlichen Sinne und als gedankliches Konzept – nicht als

Gefängnis erlebt hat, für den erweist sich das »Jugendzimmer« als plausible und nützliche Hilfe für das eigene Selbstverständnis, als »Übungsraum« für »Neulinge«, in dem sie sich Schritt für Schritt mit sich selbst und mit den Chancen, Herausforderungen und Gefahren der Erwachsenenwelt vertraut machen können. – Weil das Wortspiel so naheliegt: Wenn Mädchen glauben, aus dem »Kinderzimmer« direkt ins »Frauenzimmer« hineingewachsen zu sein, können sie die Freiheit ihrer sexuellen Entwicklung ernsthaft gefährden. Beispielsweise lassen Berichte über sexuelle Hörigkeit junger Mädchen und womöglich mit ihr verbundene Prostitution, Kriminalität und Drogenabhängigkeit den Schluß zu, daß hier die Verführungskünste erfahrener Männer mindestens teilweise deshalb erfolgreich waren, weil die Mädchen dem Mißverständnis erlagen, die ersten spürbaren Wirkungen der Sexualhormone verpflichteten sie umstandslos dazu, als »richtige Frau« zu funktionieren. Deshalb deuten sie, überspitzt gesagt, jedes Schwärmen, Kribbeln und Herzklopfen als »Liebe« oder »Lust«. Diese Deutung im Verein mit ihrer gesunden Neugier und dem weniger gesunden Wunsch, nicht als »zickig« zu gelten, macht sie zur leichten Beute von skrupellosen Männern, die dann noch stolz verkünden, es sei ihr größtes Vergnügen, unerfahrene Mädchen »so richtig zu versauen«. Aber es ist logisch: Im »Frauenzimmer« mit dem Anspruch, eine »richtige« Frau zu sein, kann es leicht passieren, daß junge Mädchen ihre natürlichen Schutzinstinkte gegen männliche Übergriffe als Ängstlichkeit, Prüderie, Unreife erleben, jedenfalls als Unzulänglichkeit. Im »Jugendzimmer« dagegen können sie sie leichter als Selbstbewußtsein, Stolz, Souveränität erleben, jedenfalls als Stärke, so daß die Mädchen es nicht nötig haben, sich von irgendwelchen geilen oder/und geschäftstüchtigen Männern Bestätigung und Wertschätzung zu holen; wobei das eigentliche Risiko nicht in einer unangenehmen Erfahrung liegt (etwa »nur benutzt« worden zu sein), sondern im Gegenteil in einer besonders angenehmen, nämlich überwältigenden Erfahrung, so daß die Mädchen »aus Liebe« eventuell ihre gesamte gesunde Weiterentwicklung »freiwillig« abbrechen.

Wir wollen keinesfalls den Eindruck erwecken, als seien gleichberechtigt aufgewachsene Kinder im Jugendalter mehr gefährdet als machtunterworfene oder wie auch immer »wohlerzogene«. Das Gegenteil ist der Fall. Wir wollen aber einer gewissen Naivität und Übertreibung vorbeugen, die in der Annahme besteht, daß Jugendliche, die aus der gesicherten Freiheit des »Kinderzimmers« herausgewachsen sind, automatisch die Fähigkeit besitzen, ihre Freiheit in der Erwachsenenwelt ohne weiteres selbst zu sichern. Das Beispiel der sexuellen Hörigkeit sollte dabei nur als extreme Warnung dienen. In Wirklichkeit betreffen die genannten Berichte Mädchen aus Familien oder Heimen, in denen sie gerade nicht gleichberechtigt lebten, sondern sich so unterdrückt fühlten, daß sie sich bei erstbester Gelegenheit blindlings »befreien« wollten und prompt in neuen Abhängigkeiten landeten.

Das Konzept des »Jugendzimmers« kann helfen, solche Mißverständnisse zu verhindern. Es gibt Eltern und Jugendlichen einen begrifflichen Rahmen zur realitätsgerechten Weiterführung der Beziehungsform Gleichberechtigung auch in den »Wirren« des Jugendalters. Wir erwähnen jetzt noch einige Informationen, für die freie Jugendliche erfahrungsgemäß sogar dann dankbar sind, wenn sie sie zunächst als »Belästigung« empfanden, weil sie vorbeugend gegeben wurden.

Freiheitsgewohnten Kindern ist oftmals nicht klar, in welch machtdurchseuchten Verhältnissen viele ihrer Altersgenossen leben und was das für sie bedeutet. Natürlich wissen sie, daß viele Eltern ihre Kinder schlagen und anderweitig ihre Macht spüren lassen, aber sie können kaum wirklich nachempfinden, wie das ist und welche Auswirkungen das hat. Spätestens dann, wenn gleichberechtigt aufgewachsene Jugendliche in Gleichaltrigengruppen mit machtunterworfenen Jugendlichen zusammentreffen, sollte ihnen dieser Unterschied hinreichend deutlich gemacht werden. In Gruppen aus vorwiegend freiheitsungewohnten Jugendlichen entsteht in der Regel ein starker »Gruppendruck« mit der Tendenz, durch bisher oder noch immer »verbotene« Verhaltensweisen Erwachsenheit, Unabhängigkeit, Freiheit, Mut und dergleichen zu demonstrieren, »cool« zu erscheinen, »kein Kind mehr« zu sein, sondern »alt genug«, sich von den Eltern nichts mehr »sagen zu lassen«. Dieses Verhalten kann auch für freie Jugendliche reizvoll sein, und es hätte wenig Sinn, ihnen das ausreden zu wollen. Dagegen ist es nützlich, ihnen die unterschiedlichen Motivationen freiheits*gewohnter* und bloß freiheits*demonstrierender* Jugendlicher bewußt zu machen. Freiheitsdemonstrierende Jugendliche haben es eben nötig, ihre innere Unsicherheit zu überspielen, und dieses Anliegen ist ihnen so wichtig, daß sie dafür nicht einmal vor eindeutig und bekanntermaßen selbstschädigenden Verhaltensweisen zurückschrecken, die mehr oder weniger schnell zu Gewohnheit und Sucht werden.

Charakteristischerweise sind besonders die noch unsicheren Konsumenten von Nikotin, Alkohol und anderen Drogen oft missionarisch tätig, indem sie ihre Seelentröster anderen »anbieten« und »ausgeben«, hauptsächlich aber zögernde Gleichaltrige ziemlich intolerant immer wieder zum Mittun animieren, zu verführen suchen, nicht selten geradezu erpressen. Manche scheuen sich nicht einmal, ihren »Freunden« heimlich Alkohol oder andere Drogen ins Getränk zu tun, weil ihre eigene »nüchterne« Existenz ihnen so armselig erscheint, daß sie solche »Krücken« brauchen und es nicht einmal ertragen können, mit Leuten zusammenzusein, die solche Hilfsmittel nicht nötig haben.

Wir wollen nicht behaupten, daß freiheitsgewohnte Jugendliche in Gefahr sind, dem genannten »Gruppendruck« aus purem Mitleid zu erliegen. Sie sind keine Übermenschen. Es kann Gruppenkonstellationen geben, in denen sie sich nicht aus

Gutmütigkeit, sondern aus Eigeninteresse schließlich überreden lassen, weil sie andernfalls tatsächlich nicht akzeptiert würden und keine Alternativen haben oder sehen, die vergleichbar attraktiv wären.

Wie dem sei, nach unseren Erfahrungen kommen freie Jugendliche mit diesen Problemen am besten und gesündesten klar, wenn die Aufklärung über Genußgifte und Drogen nicht auf Verteufelung setzt, sondern einerseits wahrheitsgemäß, andererseits intelligent erfolgt. Die oft noch übliche Behauptung, wer sich an den Konsum dieser Gifte gewöhnt habe, werde »abhängig« und »könne« dann nicht mehr aufhören, halten wir nicht für optimal. Jugendliche, die sich als »willensstark« erfahren haben oder beweisen möchten, können sich durch diese Drohung geradezu zum Beweis des Gegenteils herausgefordert fühlen. Diese Gefahr entfällt bei der Information, daß solche Giftstoffe wegen ihrer als positiv erlebten Wirkungen von den Benutzern nicht aufgegeben werden *wollen*. Kinder wissen aus zahlreichen Erfahrungen, wie wichtig ihnen liebgewordene Gewohnheiten sind. Der Hinweis, daß dies wohl auch in Zukunft so sein wird, leuchtet ihnen problemlos ein. Die objektive Frage, ob jemand sich etwas abgewöhnen *kann*, konkretisiert sich subjektiv als Frage, ob er das überhaupt *will*. Während also die Drohung, sich später etwas nicht wieder abgewöhnen zu »können«, durch die gegenteilige Hoffnung neutralisiert wird, ist die Darstellung der eigentlichen, »von innen« kommenden Gefahr sinnvoll und effektiv.

Diese Strategie liefert auch die stärkeren Argumente gegen die häufigen Verführungsversuche, bei denen ja immer die Wirkungen für das Befinden betont, die Auswirkungen für die Motivation aber außer acht gelassen werden. In Gesprächen mit Jugendlichen und unter Jugendlichen stellt sich meist schnell heraus, daß es schwierig ist, sich Ruhe zu verschaffen, wenn sie die angepriesenen positiven Wirkungen anzweifeln oder sich, wie meist üblich, mit der Beteuerung zur Wehr setzen, daß ihnen etwas nun mal »nicht schmeckt« oder »keinen Spaß macht«. Mit dieser Begründung fordern sie häufig nur immer weitere Belästigungen heraus, weil sie nicht schlüssig begründen können, warum sie nicht dies oder jenes wenigstens »probieren« wollen. Viel stabiler können sie ihre Ablehnung vertreten und *gegenseitige* Toleranz erwirken, wenn sie einfach ihre Entscheidung bekanntgeben, auf diesen speziellen Genuß verzichten und ihn nicht einmal kennenlernen zu wollen. Gegenüber Freunden ist sogar die Ergänzung möglich, daß sie gerade den positiven Wirkungen aus dem Weg gehen wollen, wegen deren Auswirkungen. Dann haben die »Missionare« den Schwarzen Peter und müßten begründen können, warum gesunde und lebensfrohe Leute in bester Stimmung sich mit Giftstoffen künstlich das Hirn vernebeln oder verseuchen sollten.

Falls freiheitsgewohnte Jugendliche sich dafür entscheiden, in bestimmten Gruppen oder Situationen doch mitzutun, ist es für sie wichtig zu wissen, daß ein paar gerauchte (oder gepaffte) Zigaretten oder ein paar Gläser Bier, sogar ein paar Besäufnisse keineswegs zum Selbstverständnis als »Raucher« oder »Trinker« führen müssen. Es gibt die Möglichkeit, als »Gelegenheitsraucher« oder »Gelegenheitstrinker« der Gruppe zu geben, was der Gruppe ist, ohne sich darüber hinaus zu gefährden. Die machtorientierten Familien üblichen Verbote und Verteufelungen führen oft dazu, daß Jugendliche sich im Falle des Falles nach dem Entweder-Oder-Prinzip definieren und mit dem Überschreiten der ihnen gesetzten Grenze sich nun fast verpflichtet fühlen, den »Kelch« bis zur Neige zu leeren. Freiheitsgewohnte Jugendliche wissen, daß sie keine »verworfenen Geschöpfe« sind, nur weil sie einmal »schwach« und ihren Prinzipien untreu wurden. Sie können sich leichter als andere Irrtümer, Fehler, auch Schwächen eingestehen, Episoden und Phasen als solche erkennen und immer neu entscheiden, wie sie wirklich leben wollen. Der »Zugzwang«, in den freiheitsungewohnte Menschen sich oft selbst bringen oder bringen lassen, wenn sie in Situationen geraten, die sie nicht von Anfang an überblickten, wird von ihnen nicht als Zwang erlebt, allenfalls als Herausforderung an ihre Flexibilität und Entscheidungskraft.

Im Jugendalter sind solche Eigenschaften bekanntlich auch besonders nützlich und notwendig. Im »Kinderzimmer« haben Irrtümer, Fehleinschätzungen, Ungeschicklichkeiten und allerlei Selbsterprobungen im Falle des Scheiterns selten schwerwiegende Folgen, und in der Regel können Eltern diese Folgen auffangen, »auszubügeln« helfen oder wenigstens so abmildern, daß die Kinder getrost häufig »spontan« handeln, ihren ersten Impulsen folgen können, und dann eben »Erfahrungen machen« und »daraus lernen«, ohne zuviel zu riskieren. Die neuen Interessen, die im Jugendalter »erwachen« oder auch »geweckt werden«, machen es Eltern entscheidend schwerer, die Freiheit ihrer Kinder selbst zu sichern.

Genau das aber haben die Großeltern oft noch versucht und zwar mit den damals kaum angezweifelten Machtmitteln. So bringt die Erinnerung an ihre eigene Jugendzeit heutige Eltern, die ihre Kinder nicht ebenso unterdrücken und »in Zaum halten« wollen, leicht zu einer gegenteiligen Übertreibung – besonders, wenn sie sich gedanklich in der »Beziehungsform Unterstützung« eingerichtet haben. Sie wollen ihren Kindern auf jeden Fall die selbst erlebten Einmischungen, Übergriffe, Bevormundungen ersparen und glauben deshalb, alle Initiativen der Jugendlichen unterstützend begleiten oder wenigstens kommentarlos hinnehmen zu müssen und allfällige Bedenken nicht ins Spiel bringen zu dürfen, um nur ja nicht als »altmodisch« oder »autoritär« oder sogar »sexualfeindlich« angesehen zu werden. Beispielsweise berichten viele junge Frauen – im Rückblick durchaus kritisch –, daß ihre Mütter ihnen schon in jüngsten Jahren die »Pille« fast aufgedrängt hatten oder ihnen quasi automatisch bei ihrer Beschaffung hilfreich waren, ohne im geringsten mit ihnen zu erörtern, was deren Einnahme für das weibliche Selbstverständnis bedeutet (von den körperlichen Risiken ganz abgesehen). So wirkten ihre Mütter daran mit, daß die Töchter sich selbst unter »Zugzwang« setzten, sich als »allzeit bereit« definierten und sich dem patriarchalischen Wunschbild vom »modernen« Weibchen annäherten, das selbst Lust auf das hat, was Männer von ihm wollen. Bislang erfahren Mädchen normalerweise weder in der Schule noch durch die Medien, auch nicht durch die einschlägigen Jugendzeitschriften, die Wahrheit über die biologisch und psychologisch vergleichsweise äußerst primitive männliche Sexualität. Im Gegenteil wird ihnen »auf allen Kanälen« suggeriert, sie müßten sich irgendwelchen »Schönheitsidealen« anpassen, sich womöglich rasieren, jedenfalls schminken, parfümieren und herausputzen (»stylen«), um gut »anzukommen«. Um bei Männern anzukommen, werden Frauen seit jeher von sich selbst fortgelockt, bis sie sich »freiwillig« – in der Regel aber unbemerkt – den »männlichen Blick« zu eigen gemacht haben und sich tatsächlich nur noch wohl fühlen, wenn sie der Meinung sind, »attraktiv« und »begehrenswert« zu sein.

Kein Selbstverteidigungskurs zur Abwehr zudringlicher Männer kann Mädchen vor ihren eigenen Fehleinschätzungen schützen, die sich bei »Anfängerinnen« besonders aus positiven, lustvollen Erlebnissen zu ergeben pflegen, wenn sie, mangels entsprechend intensiver Erfahrungen mit sich selbst, nicht in erster Linie ihren eigenen Körper, sondern den Mann als Glücksspender erleben. Kleinere und größere Unterschiede zwischen den Geschlechtern erzeugen häufig Mißverständnisse zu Lasten der Frau, die immer mehr von sich hergeben – bis zum vorgespielten Orgasmus – und sich wundern, warum der Mann so egozentrisch bleibt, wie er immer schon war. Wenn Mädchen von Anfang an Partner wählen, die sie darauf geprüft haben, ob sie überhaupt gleichberechtigungsfähig und -willig sind, und wenn ihnen klar ist, daß sie sich nicht dem Mann

»hingeben« dürfen, wenn sie nicht zu seinem Putzlumpen werden wollen, können sie auch im »Jugendzimmer« viel Spaß – nach *ihren* Regeln – haben, ohne später einen zu hohen Preis für ihre Gutmütigkeit beziehungsweise Naivität bezahlen zu müssen.

Solche Themen können im »Jugendzimmer« mit Töchtern und auch Söhnen (die üblichen Lügen, Selbsttäuschungen und Mißverständnisse beeinträchtigen ja die Lebensqualität beider Geschlechter) sehr ergiebig erörtert werden, wenn grundsätzlich klar ist, daß sie auf jeden Fall und unter allen Umständen immer nur das denken und tun, was sie selbst für richtig halten. (Für Mütter – und Töchter –, die den obigen Abschnitt vielleicht für »übertrieben« halten, empfehlen wir beispielsweise das Buch von Rita Freedman, »Die Opfer der Venus«.)

Die ängstliche Zurückhaltung »moderner« Eltern beruht ja oft darauf, daß sie den fundamentalen Unterschied verkennen zwischen ihrer eigenen Vergangenheit und der Gegenwart ihrer Kinder. Bei ihnen damals war es die Absicht der Eltern, die Freiheit der Jugendlichen einzuschränken, nicht sie zu sichern. So befanden sie sich damals in einem Freiheitskampf gegen ihre Eltern, waren häufig von Trotz motiviert und hatten das Ziel, »auf eigene Füße« zu kommen. »Vernünftig« zu sein hieß für sie praktisch nachzugeben, zu gehorchen, zurückzustecken. Unter den Voraussetzungen der Beziehungsform Gleichberechtigung entfällt diese Gegnerschaft der Generationen, und die Jugendlichen wissen genau, daß es nicht um die Beschneidung ihrer Freiheit geht, sondern um Informationen, über die sie in Freiheit verfügen können, zu ihrem eigenen Schutz vor sonst oft unvorhergesehen hohem, manchmal wirklich die Freiheit kostendem »Lehrgeld«. In gleichberechtigten Familien *können* die Eltern die Jugendlichen im übrigen gar nicht wirklich bevormunden oder sich »zuviel« einmischen, weil ihre Kinder es gewöhnt sind, sich zu wehren, wenn sie sich sinnlos belästigt fühlen.

Aus diesem Grunde müssen Eltern auch nicht etwa »hilflos zusehen«, wenn ein Kind beispielsweise in »schlechte Gesellschaft« gerät. In machtorientierten Familien entsteht nicht selten ein unlösbares Problem, falls ein Sohn plötzlich mit kriminellen »Freunden« ankommt. In gleichberechtigten Familien ist die Chance ungleich größer, ein »Abgleiten« des Jugendlichen zu verhindern. Und das gilt für alle Schwierigkeiten, in die Menschen im »Jugendzimmer« geraten können. In der Praxis zeigt sich immer wieder, wie zugänglich gleichberechtigte Jugendliche für Informationen und Argumente der weitblickkenden Art sind und wie *vernünftig* sie sich verhalten bzw. zu verhalten lernen.

Eltern, die solche Jugendliche nicht persönlich kennen, mögen uns das nicht glauben. Viele machtorientierte Eltern versuchen zwar mit ziemlich allen Mitteln, ihre Kinder »zur Vernunft zu bringen«, aber wenn sie hören, wie vernünftig sich andere Kinder/Jugendliche freiwillig verhalten, betonen sie nach unserer Erfahrung plötzlich recht nachdrücklich, das sei doch nicht kindgemäß, nicht jugendlich, diese armen Wesen seien »altklug« gemacht oder vorzeitig auf »erwachsen« getrimmt worden, um ihre Unbeschwertheit betrogen, ihres Leichtsinns beraubt, mißbraucht und ideologisch ausgebeutet – einmal glaubten wir sogar »zweckentfremdet« gehört zu haben –, jedenfalls sei das unnatürlich und entweder erlogen oder, wenn wahr, noch schlimmer.

Hier bricht sich der traditionelle Gegensatz von »vernünftig« und »lustvoll« oder »Spaß haben« Bahn, wie er etwa in der Formulierung zum Ausdruck kommt, es gelte, »vernünftig zu sein«, wenn sich oder anderen ein Vergnügen verwehrt werden soll. Dagegen sehen es gleichberechtigt aufgewachsene Menschen als außerordentlich vernünftig an, jede Menge Spaß zu haben und Körper und Seele soviel Lust wie möglich zu verschaffen. Sie finden es allerdings nicht »lustig«, wenn blindwütige Genußsucht absehbar zu Übersättigung, Überdruß, Perversion und allerlei leichten oder schweren »Strafen« führt, die den entsprechenden Erlebnissen im nachhinein den Beigeschmack von Schuldgefühl, Reue, Scham oder auch nur Ärger hinzufügen, sowohl rein individuell gesehen als auch in Hinblick auf soziale Folgen, also auf voraussehbar unlustvolles Feedback für das Gemeinschaftsgefühl. Für sie stellt das Motto: möglichst viel und intensiver »Genuß ohne Reue« die optimale Kombination von Seele und Verstand dar und führt dazu, daß die Jugendlichen nicht zwischen trübsinnigem Herumschleichen und gelegentlicher Tobsucht abwechseln oder zwischen »himmelhochjauchzend« und »zutodebetrübt« hin- und herschwanken wie blöde Blätter im Wind – was gern als »typisch pubertär«, also normal angesehen wird –, sondern zu einer realistischen, grundsätzlich selbst-, gefühls- und lebensbejahenden Beschäftigung mit der eigenen Entwicklung, anderen Menschen und der Welt überhaupt.

Die Kombination von Lebensklugheit und Lebenskunst auf der einen, Lebensfreude und Lebenslust auf der anderen Seite erscheint für Kinder und Jugendliche nur deshalb ungewöhnlich, weil sie traditionell durch machtorientierte Erwachsene daran gehindert werden, so klug und glücklich zu leben, wie sie das wollen und in gleichberechtigten Familien auch können.

Wenn sie es allerdings nicht *können*, nämlich nicht *dürfen*, dann *wollen* sie es auch nicht mehr – nicht alle und nicht immer, aber immerhin immer mehr, immer öfter, immer intensiver. Mit anderen Worten: Wir möchten das »Jugendzimmer« nicht verlassen, ohne das Thema »Jugendgewalt« angesprochen zu haben. Machtmenschen erdreisten sich, offenbar unbelehrbar durch die Realität, ihre blutige Ideologie ohne Skrupel weiter zu verkünden, nach der »gewaltbereite« Jugendliche nicht auf selbsterlebte eigene Ohnmacht reagieren, sondern auf ein »Defizit« an Machtausübung der Erwachsenen und ihrer Gesellschaft gegen sie. Das wird auch so weitergehen, solange sich die Mitmenschen nicht zusammenrotten und den Machtmenschen mindestens die Gefolgschaft verweigern. In der Zwischenzeit können aber aufgeklärte Mitmenschen, wenn sie mit solchen Jugendlichen zu tun haben, persönlich einiges bewirken, wenn sie nicht Gewalt mit Gegengewalt beantworten, sondern sich das Seele/Verstand-Modell zunutze machen. Menschen, deren Gefühle verstanden, akzeptiert, im Idealfall sogar ausdrücklich bestätigt werden, haben es nicht nötig, ihnen gewaltsam Ausdruck zu verleihen. Wer Jugendliche als »aggressiv«, »orientierungslos« oder sonstwie »defizitär« diffamiert, bewirkt unweigerlich das Gegenteil dessen, was er angeblich erreichen will. Die klarsten Argumente verlieren ihre Überzeugungskraft gegenüber Menschen, die seelisch nicht motiviert sind, diese Kraft auf sich wirken zu lassen. Wer die »seelische Intimsphäre« anderer Menschen nicht respektiert, wer Menschen »von oben nach unten« behandelt und also angreift, wird, falls er überhaupt etwas bewirkt, den »pädagogischen Gegenteileffekt« auslösen. In diesem Zusammenhang sehen wir den wahren Kern der Behauptung, »linke Lehrer« hätten »rechte Schüler« produziert und sehen sogar eine Verbindung zwischen schulischer »Friedenserziehung« und der wachsenden Schülergewalt an Schulen.

Die Erschütterung vieler Lehrer über das häufige Scheitern ihrer Bemühungen könnte durchaus mit ihrer Ausbildung in der sogenannten »Humanistischen Psychologie« zusammenhängen, deren Vertreter für zwischenmenschliche »Akzeptanz« werben und dabei oft ausdrücklich fordern, man müsse »die Gefühle und Gedanken« der Menschen akzeptieren. Nach dem S/V-Modell (und in der Wirklichkeit) können Gedanken aber falsch sein. Wer sich dazu verpflichtet hat, falsche Gedanken zu akzeptieren, gerät natürlich in eine unmögliche Lage, wenn diese Gedanken zu Handlungen führen, die er nicht akzeptieren mag, kann oder darf. Kein Wunder, wenn er dann »ganzheitlich« gegen den anderen reagiert, nicht nur seine Verstandesprodukte, sondern auch seine Seele angreift (was wiederum den Gegenteileffekt auslöst).

Dies alles gilt nicht nur für den Umgang mit Jugendlichen. Was wir über die Zusammenarbeit zwischen Seele und Verstand gesagt haben, gilt für alle Menschen gleichermaßen. Wenn es zutrifft, daß der Verstand von Erwachsenen durchschnittlich mehr und bessere Informationen enthält als der von Kindern und Jugendlichen, spricht nichts dagegen, diese Informationen den jüngeren Menschen zugänglich zu machen, anzubieten, zur Verfügung zu stellen. Das alles bringt aber nur den vollen Ertrag, wenn den Seelen dabei kein Grund geliefert wird, um ihre Selbsterhaltung und Anerkennung kämpfen zu müssen. Seelisch gesehen sind alle Menschen gleich, weshalb die Gleichberechtigung aller Menschen die beste Konstruktion ist, um als Basis des Zusammenlebens zu dienen. Auch das besonders komplizierte und schwierige Jugendalter macht hier keine Ausnahme.

Frieden, Kinderschutz und Grundgesetz

Ein Ausblick mit guten und schlechten Aussichten

Vor dem Gesetz sind alle Menschen gleich. Dieser Grundsatz soll die Unterschiede zwischen den Menschen nicht auslöschen, sondern schützen. *Obwohl* die Menschen unterschiedlich sind, sind sie gleichberechtigt. Und *weil* die Menschen unterschiedlich sind, sind sie gleichberechtigt. Männer unterscheiden sich untereinander, sind aber – und deswegen – gleichberechtigt. Frauen unterscheiden sich untereinander, sind aber – und deswegen – gleichberechtigt. In Gesellschaften, die die Menschenrechte ernst nehmen, soll sich kein Mensch minderwertig fühlen müssen. Die Subjektivität, die Würde jedes Menschen soll anerkannt, geachtet und geschützt sein. Dabei spielt die Leistungsfähigkeit des Körpers und des Verstandes (auch etwa des Geldbeutels) keine Rolle. Letztendlich sind die Menschen gleichberechtigt, weil die Leistungsfähigkeit ihrer Seelen gleich ist und diese Gleichheit anerkannt sein soll.
Individuell will die menschliche Seele *Selbsterhaltung*, sozial will sie *Fairneß*. Anders gesagt: Die Seele will nicht angegriffen werden und sie will nicht benachteiligt werden. Noch anders gesagt: Individuell will die Seele Anerkennung und Verständnis, sozial will sie Gemeinschaft und Gegenseitigkeit. Wenn die Seele das alles bekommt, fühlt sie sich sicher, trotz aller Widrigkeiten ihres persönlichen Schicksals. Wenn sie es nicht bekommt, muß sie darum kämpfen. Der Grundsatz, daß alle Menschen gleichberechtigt sind, ist keine Gefühlsduselei, sondern die Konsequenz aus jahrtausendelangen Erfahrungen mit dem Kampf Mensch gegen Mensch. Alle diese Erfahrungen lassen sich in dem Satz zusammenfassen: *Kein Frieden ohne Seelenfrieden.* Sicherheit, Freiheit, Gerechtigkeit, Frieden sind

menschliche Höchstwerte, die allen Menschen zugute kommen müssen, wenn sie nicht gezwungen werden sollen, »Störenfriede« zu sein, andere Menschen als »Feinde« zu betrachten, gegen die sie kämpfen, die sie besiegen, unschädlich machen wollen und so weiter und so fort.

Machtmenschen haben als Kinder gelernt, Macht zu fürchten und anzustreben. Aber Macht heilt und befriedet nicht, sondern korrumpiert die Mächtigen und provoziert die Ohnmächtigen. Nur das am Recht orientierte mitmenschliche Denken kann das Machtdenken unschädlich machen. Nur wenn Recht vor Macht geht, ist dauerhafter Friede möglich. Aber es genügt nicht, das zu verstehen. Solange Kinderseelen die Macht fürchten müssen, haben sie keinen Frieden und werden sie keinen Frieden geben. Erst recht nicht als Erwachsene.

Nach unserer Erfahrung sind die meisten Eltern durchaus nicht so »engstirnig«, wie es ihnen manchmal unterstellt wird. Die meisten Eltern denken nicht nur an sich und ihre Kinder. Was nützt es Eltern, wenn es ihren Kindern gutgeht, aber andere Kinder Amok laufen? Oder wenn die Gesellschaft sich immer menschenfeindlicher entwickelt? Oder wenn die Lebensgrundlagen der Menschen weiter zerstört werden?

Natürlich stehen uns unsere Kinder näher als andere. Und natürlich haben wir das Recht und die Möglichkeit, nur unseren eigenen Kindern die Vorteile zu verschaffen, die das gleichberechtigte Aufwachsen für sie mit sich bringt. Aber so wie die Gleichberechtigung der Geschlechter nicht nur eine Privatsache ist, ist es auch die Gleichberechtigung der Generationen nicht. Wenn wir nicht nur in unseren Familien frei, sicher und friedlich leben wollen, müssen wir auch bedenken, was in anderen Familien und in der Gesellschaft los ist. Kinder ganz allgemein vor Gewalt, Mißbrauch, Mißachtung zu schützen, ist in unser aller Interesse. Ohne unser aller Einsatz werden die Machtmenschen die Gleichberechtigung der Generationen nicht in der gleichen Weise zur Norm erheben, wie es die Männer schließlich mit der Gleichberechtigung der Geschlechter tun mußten, weil die Frauen genügend Druck erzeugten und genug Männer sich den besseren Argumenten beugten.

Auch wenn dieses Buch keine politische Initiative sein soll, will und kann, erwähnen wir zum Abschluß die bereits vielfach erhobene Forderung, die Gleichberechtigung der Generationen im deutschen Grundgesetz festzuschreiben. In dem schon erwähnten Taschenbuch »Die Gleichberechtigung des Kindes« von 1976 mußte sich der beteiligte Jurist Helmut Ostermeyer noch mit einer Erfindung seiner Kollegen namens »Grundrechtsfähigkeit« herumschlagen. Die berühmte »herrschende Meinung« der Juristen sprach Kindern diese Fähigkeit nämlich rundweg ab – natürlich mit erziehungsideologischer Begründung. Inzwischen scheint sich dieses Problem erledigt zu haben. Jedenfalls schreibt die namhafte Juristin Lore Maria Peschel-Gutzeit (langjährige Vorsitzende des Juristinnenbundes, zur Zeit Justizsenatorin in Berlin):
»Die Grundrechtsfähigkeit von Kindern als solche ist aber heute – mehr als 40 Jahre nach dem Inkrafttreten des Grundgesetzes – nicht mehr bestritten und auch nicht bestreitbar.« (Artikel: »Kinderrechte müssen im Grundgesetz stärker verankert werden«. In: *Das Parlament*, 18./25. 2. 1994, Seite 1)
Außer überlieferten Vorurteilen und standhafter Ignoranz gibt es keinerlei Gründe, das Grundgesetz nicht dahingehend zu ergänzen, daß es in Artikel 3 etwa heißt: »Männer, Frauen und Kinder sind gleichberechtigt.« Oder: »Kinder, Frauen und Männer sind gleichberechtigt.« Der nächste Satz: »Niemand darf wegen seines Geschlechts, seiner Abstammung, seiner Rasse . . . benachteiligt oder bevorzugt werden«, müßte dann um die Worte »seines Alters« erweitert werden. Wenn niemand wegen etwas benachteiligt werden soll, wofür er nichts kann, ist das Alter kein anderes Merkmal als das Geschlecht oder die Rasse. Sollte tatsächlich noch jemand behaupten, diese Grund-

gesetzänderung wäre schädlich für »die Erziehung« – um so besser für die Kinder und den Frieden in der Welt!

Der Sache nach hat dieser Vorschlag gute Aussichten, etwas zu bewirken, was sonst offenbar auf keine Weise möglich ist: nämlich alle die Eltern und auch »Experten«, die heute noch bedenkenlos Kinder schänden, vergewaltigen, quälen und dies propagieren, weil das »ihr Recht« oder nach irgendeiner Theorie »richtig« sei, zu zwingen, ihre Vorurteile zu überprüfen und sich mit der Wirklichkeit auseinanderzusetzen.

Daß Männer und Frauen nach dem Grundgesetz gleichberechtigt sind, hat bisher nicht dazu geführt, daß sie auch in der Wirklichkeit gleichberechtigt sind. Sonst wäre nicht – nur als Beispiel – Anfang 1994 das »Hessische Gleichberechtigungsgesetz« in Kraft getreten, das in 25 Paragraphen versucht, Frauen tatsächlich zu ihrem Recht zu verhelfen, etwa durch Frauenbeauftragte und Frauenförderpläne. Erst recht würde die »Kinderfrage« durch ein paar Grundgesetzartikel nicht »gelöst« werden können. Aber das ist nicht entscheidend. Daß es in der Wirklichkeit oft ungerecht zugeht, ist eine Sache. Eine andere Sache ist es, wenn es sogar »auf dem Papier« ungerecht zugeht. Heute noch wird eine bedeutende Menschengruppe, der die Gesellschaft angeblich das Beste schuldet, was sie zu bieten hat, von den wichtigsten Errungenschaften der Zivilisation ganz offiziell ausgeschlossen, indem sie eben *nicht* als gleichberechtigt anerkannt wird. In der Formulierung von Lore Maria Peschel-Gutzeit aus *Das Parlament*:

»Aus dem Wortlaut des Grundgesetzes ergibt sich bislang nicht, daß Kinder ebenso wie Erwachsene Inhaber der allgemeinen Grundrechte sind. Das Grundgesetz spricht von ›dem Menschen‹ oder von ›jedem‹ oder von ›jedermann‹. Kinder werden nur als Objekte genannt . . .«

Die offizielle Anerkennung der jungen Menschen als Subjekte würde zunächst die Wirklichkeit nicht ändern. Sie würde aber neue Denkprozesse nach sich ziehen, die überhaupt erst die Chance eröffnen, daß Kinder auf breiter Basis anders wahrgenommen werden als bisher. Daß sie grundsätzlich den gleichen Respekt verdienen, den alle Menschen beanspruchen, beispielsweise. Heute ist es so, daß Kinder mit zunehmendem Alter in immer mehr Rechte hineinwachsen. Auf der Ebene der »Schutzrechte« ist das jedoch widersinnig, denn die brauchen die Schwächsten am meisten. Vernünftig wäre es, wenn die wachsenden Fähigkeiten der Kinder nicht auch zu wachsenden Rechten, sondern zu wachsenden Pflichten führen würden. Was heute oft »Kinderschutz« genannt wird, tendiert dazu, die Kinder einzuschränken. Vernünftig wäre es, nicht die Kinder, sondern ihre Rechte zu schützen. Dazu müßten sie aber erst einmal den offiziellen Status als Objekte verlieren und den Status von Subjekten erlangen. Es geht einfach um die Anerkennung einer Realität, die heute noch von einigen Wahnideen verschleiert wird, obwohl sie ernstlich nicht zu bestreiten ist. Die genannte Grundgesetzergänzung wäre sicher ein entscheidendes Signal.

Auf der anderen Seite wissen wir natürlich selbst, daß dieser Vorschlag schlechte Aussichten hat, bald verwirklicht zu werden. Bevor die besonders machterfahrenen und -gläubigen Deutschen mehrheitlich die Kinder zu ihrem Recht als Menschen kommen lassen, werden noch viele Tränen den Rhein herunterfließen. Trotzdem ist es unseres Erachtens sinnvoll, diese Forderung zu erheben, denn sie entlarvt das Machtdenken und stärkt die Mitmenschlichkeit, nicht zuletzt auch durch den selbstverpflichtenden Effekt solchen Einsatzes: Wie wir mehrfach betont haben, ist die Gleichberechtigung der Generationen wie der Geschlechter ein *künstliches* Regulativ gegen die *natürliche* (seelische) Tendenz, dem »unten« nicht das »gleich«, sondern das »oben« vorzuziehen, so daß es auch für das Privatleben nur nützlich sein kann, wenn sich unser Verstand durch allerlei Aktivitäten daran gewöhnt, die schädlichen Folgen des

Machtdenkens für unser persönliches und soziales Lebensglück möglichst immer schon mitzubedenken. In diesem Sinne ist Kinderschutz auch einfach Selbstschutz. Ob Kind oder Erwachsener, der Wunsch nach Schutz und Sicherheit kann entweder auf Kosten der Freiheit gehen – wenn der Verstand Sicherheit und Freiheit als Gegensätze versteht –; dann wirkt der Verstand als Freiheitsbeschränker, Bremser, im Prinzip als Gefängniswärter und rät zu einem reduzierten, ängstlichen Leben. Oder aber der Verstand versteht sich wirklich als bester Freund der Seele, als Werkzeug und Helfer, als gleichberechtigter »Kollege« – wenn er die Wünsche nach Sicherheit und Freiheit miteinander kombiniert –; dann wirkt der Verstand als Freiheitsgarant, als kluger Sucher, Erfinder, Gestalter und rät zu einem optimal sinn- und lustvollen Leben. Ob Kind oder Erwachsener: Nur auf letzterer Basis macht Denken auch Spaß! Und vielleicht sogar Schreiben? Wie schon in unserem letzten Buch bitten wir unsere Leserinnen und Leser um ihr Feedback an untenstehende Adresse.

Letztendlich kann man es drehen und wenden, wie man will: Die berechtigten Anliegen aller modernen Bürgerbewegungen – von der Frauenbewegung über die Friedensbewegung und die Umweltschutzbewegung bis zu den Bewegungen, die sich dem Kinderschutz und den Interessen anderer »Minderheiten« verschrieben haben – sind erst mit der Gleichberechtigung der Generationen zu Ende gedacht. Alle Menschen beginnen als Kinder. Solange die »Kinderfrage« vergessen oder nach den traditionellen Grundsätzen beantwortet wird, können die anderen mitmenschlichen Aktivitäten nur Symptome zu kurieren versuchen.

Böhm & Braunmühl
c/o Patmos Verlag GmbH
Postfach 10 40 64
40031 Düsseldorf